江西财经大学财税与公共管理学院

尚公文库

尚公文库

生态文明视阈下“中三角”跨区域协同创新网络研究

熊小刚 ◎ 著

本书系国家自然科学基金管理学部青年项目（71503111）
中国博士后科学基金第56批面上项目（2014M562004）研究成果

中国财经出版传媒集团

经济科学出版社
Economic Science Press

图书在版编目（CIP）数据

生态文明视阈下"中三角"跨区域协同创新网络研究/熊小刚著．—北京：经济科学出版社，2021．12
ISBN 978 - 7 - 5218 - 3318 - 8

Ⅰ．①生…　Ⅱ．①熊…　Ⅲ．①长江中下游—区域经济发展—研究　Ⅳ．①F127．5

中国版本图书馆 CIP 数据核字（2021）第 260938 号

责任编辑：顾瑞兰
责任校对：刘　昕
责任印制：邱　天

生态文明视阈下"中三角"跨区域协同创新网络研究
熊小刚　著
经济科学出版社出版、发行　新华书店经销
社址：北京市海淀区阜成路甲 28 号　邮编：100142
总编部电话：010-88191217　发行部电话：010-88191522
网址：www．esp．com．cn
电子邮箱：esp@ esp．com．cn
天猫网店：经济科学出版社旗舰店
网址：http：//jjkxcbs．tmall．com
固安华明印业有限公司印装
710 × 1000　16 开　13 印张　220000 字
2021 年 12 月第 1 版　2021 年 12 月第 1 次印刷
ISBN 978 - 7 - 5218 - 3318 - 8　定价：66．00 元
（图书出现印装问题，本社负责调换。电话：010 - 88191510）

总　序

习近平总书记在哲学社会科学工作座谈会上指出，一个国家的发展水平，既取决于自然科学发展水平，也取决于哲学社会科学发展水平。坚持和发展中国特色社会主义，需要不断在理论和实践上进行探索，用发展着的理论指导发展着的实践。在这个过程中，哲学社会科学具有不可替代的重要地位，哲学社会科学工作者具有不可替代的重要作用。

习近平新时代中国特色社会主义思想，为我国哲学社会科学的发展提供了理论指南。党的十九大宣告："经过长期努力，中国特色社会主义进入了新时代，这是我国发展新的历史方位。"中国特色社会主义进入新时代，意味着近代以来久经磨难的中华民族迎来了从站起来、富起来到强起来的伟大飞跃。新时代是中国特色社会主义承前启后、继往开来的时代，是全面建成小康社会、进而全面建设社会主义现代化强国的时代，是中国人民过上更加美好生活、实现共同富裕的时代。

江西财经大学历来重视哲学社会科学研究，尤其是在经济学和管理学领域投入了大量的研究力量，取得了丰硕的研究成果。财税与公共管理学院是江西财经大学办学历史较为悠久的学院，学院最早可追溯至江西省立商业学校（1923 年）财政信贷科，历经近百年的积淀和传承，现已形成应用经济和公共管理比翼齐飞的学科发展格局。教师是办学之基、学院之本。近年来，该学院科研成果丰硕，学科优势凸显，已培育出一支创新能力强、学术水平高的教学科研队伍。正因为有了一支敬业勤业精业、求真求实求新的教师队伍，在教育与学术研究领域勤于耕耘、勇于探索，形成了一批高质量、经受得住历史检验的成果，学院的事业发展才有了强大的根基。

为增进学术交流，财税与公共管理学院推出面向应用经济学科的“财税文库”和面向公共管理学科的“尚公文库”，遴选了一批高质量成果收录进两大文库。本次出版的财政学、公共管理两类专著中，既有资深教授的成果，也有年轻骨干教师的新作；既有视野开阔的理论研究，也有对策精准的应用研究。这反映了学院强劲的创新能力，体现着教研队伍老中青的衔接与共进。

繁荣发展哲学社会科学，要激发哲学社会科学工作者的热情与智慧，推进学科体系、学术观点、科研方法创新。我相信，本次“财税文库”和“尚公文库”的出版，必将进一步推动财税与公共管理相关领域的学术交流和深入探讨，为我国应用经济、公共管理学科的发展做出积极贡献。展望未来，期待财税与公共管理学院教师，以更加昂扬的斗志，在实现中华民族伟大复兴的历史征程中，在实现“百年名校”江财梦的孜孜追求中，有更大的作为，为学校事业振兴做出新的更大贡献。

江西财经大学党委书记

2019 年 9 月

前 言

党的十九大报告指出，我国社会主要矛盾已经转化为人民日益增长的美好生活需要和不平衡不充分的发展之间的矛盾。我国地域辽阔，区域发展不平衡、城乡发展不充分的现象难以避免，但逐步缩小发展差距以实现相对平衡是区域发展的长远目标。从国内外区域发展经验来看，组建城市群、充分发挥核心城市的辐射效应和带动作用，是实现区域经济协调发展的有效途径，我国长三角、珠三角、京津冀的整体发展就是最好的例证。中部地区由于地理位置、交通条件、历史因素等原因，区域经济发展相对较为落后。为促进区域经济的协调发展，国家提出了长江经济带建设规划，其中，长江中游城市群成为我国目前国土面积最大的城市群，并且覆盖了“一江两湖”（长江、洞庭湖和鄱阳湖）以及武汉城市圈、长株潭城市群“两型社会”试验区和鄱阳湖生态经济区三个国家级区域发展规划，在我国区域发展格局中处于中枢位置。因此，促进长江中游城市群的崛起，对平衡我国区域发展格局、提升综合国力具有重要意义。

与长三角、珠三角、京津冀等城市群不同的是，长江中游城市群是由武汉城市圈、长株潭城市群和鄱阳湖生态经济区三个子城市群构成的，前两者是环境友好型和资源节约型“两型社会”试验区，后者是国家生态文明先行示范区。三个城市群的共同特点是生态文明建设在经济社会发展中占有重要地位，必须走生态环境保护与区域经济增长协调发展的新型道路。习近平总书记在党的十九大报告中提出要“发挥优势推动中部崛起，以共抓大保护、不搞大开发为导向推动长江经济带发展”。中部地区处于长江中游地带，对保护长江的水生态安全具有重要意义，生态资源丰富，发展生态经济具有得天独厚的优势。这就要求长江中游城市群保护好生态环境，尤其是水生态的安全。在区域经济发展过程中，不宜搞大开发，而是因地制宜，打好生态经济牌，更加重视发展质量，走集约式和内涵式发展道路，率先建成“美丽中国”的中部样板。

“十三五”时期，长江中游城市群充分发挥生态优势，努力探索生态环境保护与区域经济增长协调发展的新型道路，为早日建成“美丽中三角”做出了有益探索。“中三角”区域积极转变经济发展方式，更加重视发展质量，以科技创新驱动经济社会全面发展。但笔者的调查研究表明，“中三角”各子区域创新能力差异较大。武汉城市圈拥有较丰富的创新资源，长株潭城市群次之，鄱阳湖生态经济区则较为薄弱；三个子区域的区域创新体系都是从自身层面出发，创新资源布局分散，缺乏技术创新的跨区域协同创新网络和公共平台，在生态资源挖掘和低碳经济发展方面存在恶性竞争、重复建设、资源配置不合理等现象。因此，要在“中三角”区域率先实现“美丽中国”的宏伟蓝图，必须克服各自为政、重复建设、恶性竞争等不良现象，同时建立区域发展联盟，以协同创新推动区域经济一体化。研究表明，由政府、企业、高校、科研院所、科技中介组织等主体组成的协同创新网络能明显提升区域创新绩效。因此，构建“中三角”跨区域协同创新网络能有效减少各自区域创新体系之间的内耗，实现区域创新资源的共建共享。展望“十四五”时期，“中三角”地区作为长江经济带腹地，应该进一步通过创新驱动经济社会全面发展，建立跨区域协同创新网络，共同推动区域经济增长与生态文明建设的协调发展。

特别需要注意的是，考虑到武汉城市圈、长株潭城市群“两型社会”试验区和鄱阳湖生态经济区对生态环境保护的严格要求，“中三角”跨区域协同创新网络的构建和运行必须在生态约束的框架内进行。为此，本书紧密结合区域经济增长与生态可持续协调发展的思想，在生态文明建设的指导下探讨“中三角”跨区域协同创新网络的驱动机理，通过建立跨区域协同度测算的评价指标体系和协同度测算模型进行实证分析，运用协同学原理及 Agent 决策技术构建“中三角”跨区域协同创新网络，根据博弈论中的合作与竞争模型建立策略联盟以寻求网络节点间的联动机制，为实现“中三角”区域经济增长与生态可持续的协调发展提供参考依据。

目　录

第 1 章

绪 论

1.1 研究背景及研究意义

1.1.1 研究背景

近年来，在国家“中部崛起”战略规划的持续推动下，中部六省的综合实力得到了显著提升，并逐渐形成了若干个各具特色的发展区域，如长江中游经济区、皖江经济带、中原经济区等。其中，长江中游经济区①的区域覆盖面和规模最大，囊括了“一江两湖”（长江、洞庭湖和鄱阳湖）以及武汉城市圈、长株潭城市群“两型社会”试验区和鄱阳湖生态经济区三个国家级区域发展规划，初步形成了以武汉、长沙、南昌为核心增长极的“中三角”经济区，其远景规划意在成长为继长三角、珠三角和环渤海三大城市群之后，拉动我国经济发展的又一重要引擎（魏后凯、成艾华，2012）。现实情况表明，“中三角”的区位优势明显，经济互补性强，涵盖了两个国家级“两型社会”试验区和一个国家级生态经济区，共同承担着发展经济与生态环境保护的重要使命（徐顽强、段萱，2014）。“中三角”区域一江串两湖，是中国重要的生态屏障和安全防线，对保护长江中下游生态安全，特别是水生态安全具有独特

---

① 长江中游经济区又称“中三角”。2012 年 2 月，鄂湘赣三省首次会商共谋“中三角”，以武汉、长沙、南昌为中心城市，涵盖武汉城市圈、长株潭城市群、鄱阳湖生态经济区的中部区域，由于连接武汉、长沙、南昌三个核心增长极的区域类似于等边三角形而得名。

的战略作用。因此，武汉城市圈、长株潭城市群“两型社会”建设试验区和鄱阳湖生态经济区都位于“中三角”区域的现实布局决定了“中三角”区域的跨越式发展必须受到生态经济指标的硬约束，必然要走集约型增长和可持续发展的道路。

从发展目标来看，武汉城市圈、长株潭城市群作为全国“两型社会”建设试验区的主要目标是成为全国两型社会建设的示范，建设具有国际品质的现代化生态宜居型城市群；鄱阳湖生态经济区的主要目标是成为全国大湖流域综合开发示范区、长江中下游水生态安全保障区。可见，三大国家级区域规划的发展目标都对生态环境指标提出了硬约束，三者又同处长江中下游，拥有东湖、洞庭湖、鄱阳湖三大湖泊，如何在发展经济的同时保护好生态环境，实现“既要金山银山，又要绿水青山”的长远目标，是其面临的共同问题。就生态经济的类型而言，武汉城市圈、长株潭城市群的生态经济主要涉及的是城市生态和工业生态，鄱阳湖生态经济区则主要是自然生态和农业生态。无论是哪种生态类型，要在保护自然生态的基础上发展农业、工业经济和提升城市化水平，必须走区域经济增长与生态可持续的协调发展之路。然而，随着“中三角”区域社会经济发展、工业化和城市化的大力推进，区域资源保障能力薄弱、环境污染问题突出、资源环境约束凸显等问题将对区域协调、有序、可持续发展产生重大影响。

党的十八大报告中提出了建设“美丽中国”这一目标，并把“生态文明建设”上升到了“五位一体”的重要地位，彰显了生态文明的重要性。近年来，国家先后批复了13个综合配套改革试验区和20个纳入国家级区域规划的经济区，其中武汉城市圈、长株潭城市群“两型社会”综合配套改革试验区和鄱阳湖生态经济区被明确定位为全国生态文明建设先导示范区，而这三大区域正是“中三角”的核心地带。因此，“中三角”区域理应走在“生态文明建设”前列，率先实现“美丽中国”的宏伟蓝图，并为其他地区作出表率和提供有益经验。“以生态优先、绿色发展为引领推进长江经济带发展”；在《2019年政府工作报告》中又进一步提出，“长江经济带发展要坚持上中下游协同，加强生态保护修复，打造高质量发展经济带”。习近平总书记在党的十九大报告中提出了“区域协调发展战略”，强调要“发挥优势推动中部崛起，以

共抓大保护、不搞大开发为导向推动长江经济带发展”。因此，“中三角”地区作为长江经济带腹地，也要通过创新驱动，建立跨区域协同创新网络，共同推动区域经济增长与生态文明建设的协调发展。但笔者的调查研究表明，“中三角”各子区域创新能力差异较大。武汉城市圈拥有较丰富的创新资源，长株潭城市群次之，鄱阳湖生态经济区则较为薄弱；而且三地的区域创新体系都是从自身层面出发，创新资源布局分散，缺乏技术创新的跨区域协同创新网络和公共平台，在生态资源挖掘和低碳经济发展方面存在恶性竞争、重复建设、资源配置不合理等现象（熊小刚，2014）。因此，要在“中三角”区域率先实现“美丽中国”的宏伟蓝图，必须克服各自为政、重复建设、恶性竞争等不良现象，同时建立区域发展联盟，以协同创新推动区域经济一体化。研究表明，由政府、企业、高校、科研院所、科技中介组织等主体组成的协同创新网络能明显提升区域创新绩效（陈劲，2011）。因此，构建“中三角”跨区域协同创新网络能有效减少各自区域创新体系之间的内耗，实现区域创新资源的共建共享。

但是，考虑到武汉城市圈、长株潭城市群“两型社会”试验区和鄱阳湖生态经济区对生态环境保护的严格要求，“中三角”跨区域协同创新网络的构建和运行必须在生态约束的框架内进行。本书紧密结合区域经济增长与生态可持续协调发展的思想，在生态文明建设的指导下探讨“中三角”跨区域协同创新网络的驱动机理，通过建立跨区域协同度测算的评价指标体系和协同度测算模型进行实证分析，运用协同学原理及Agent决策技术构建“中三角”跨区域协同创新网络，根据博弈论中的合作与竞争模型建立策略联盟以寻求网络节点间最佳的联动机制，为实现“中三角”区域经济增长与生态可持续的协调发展提供参考依据。

1.1.2 研究意义

本书具有显著的理论价值和重要的现实意义。就理论价值而言，首先，本书综合运用区域经济学、生态经济学、科技管理学、公共政策学、协同学、网络组织学、系统动力学等相关学科的理论基础及其有关方法，对“中三角”跨区域协同创新网络的驱动机理、构建策略与联动机制进行深入研究，有利于继承和发展区域增长极理论、可持续发展理论、区域创新理论、协同发展理论等区域经济学和生态经济学的理论范畴。其次，以生态化技术创新理念为引导，将复合系统协调度模型引入“中三角”跨区域协同创新系统发展的协调性分析中，运用群组决策分析技术设计适用于“中三角”区域协同度测算的评价指标体系，构建跨区域协同创新网络的测算模型并进行实证分析，有利于进一步丰富和完善现有评价指标体系及其评价模型。从现实意义来看，一是有利于解决“中三角”各子区域创新能力差异较大，创新资源布局分散、配置不合理等现实问题，通过构建跨区域协同创新网络，推动武汉、长沙、南昌三大核心增长极之间创新资源的共建共享和相互融合，提升“中三角”区域创新的整体绩效；二是通过强化生态经济指标的硬约束，有利于推动“中三角”区域经济增长与生态可持续的协调发展，为保障长江中下游水生态安全提供重要的技术支撑；三是有利于加速推进“中三角”经济区的建设和形成，使其上升为国家级发展战略；四是有利于为国家在制定区域科技创新政策时提供参考依据，从整体角度出发制定适用于“中三角”区域建设的针对性政策，提高政策实施效果。

1.2 国内外相关研究综述

本书的研究主题是生态文明视阈下“中三角”跨区域协同创新网络。因此，本书主要围绕区域协同创新网络、生态文明与区域创新关系、“中三角”协同创新等主题对国内外相关研究现状及发展动态进行详细分析。

“协同”一词在英文中有 synergy、collaboration、cooperation、coordination 等多种表述。在学术界，安索夫（Ansoff，1987）首次提出了“协同”这一概念，并把协同定义为“相对于各独立组成部分进行简单汇总而形成的企业群整体的业务表现，是基于资源共享的基础上，两个企业之间共生互长的关系。”此时的协同思想主要应用于企业之间资源共享方面的研究，但协同理念很快就成为理论界和企业界研究诸多问题的指导原则。后来，哈肯（Haken，1987）经过持续研究，创立了协同学理论。到 20 世纪 90 年代初，弗里曼（Freeman）和伦德瓦尔（Lundvall）等学者开创了以国家创新系统为代表的第

三代协同创新理论，继而引发了区域创新系统、产业创新系统、技术创新网络、集群创新等关注制度、环境、网络方面的研究热潮，协同创新的思想和理论逐渐在区域发展管理实践中得到推广和应用。继此之后，波特（Porter，1990）、伦德瓦尔（Lundvall，1992）、纳尔逊（Nelson，1993）、佩特（Pater，1994）、梅特卡夫（Metcalfe，1995）、经济合作与发展组织（OECD，1996）等诸多学者和机构对区域协同创新理论进行了坚持不懈的研究。其中，弗里曼（Freeman，1991）最早使用了“创新网络”的概念，将其视为“应付系统创新的一种基本制度安排，其主要联结机制是企业间的创新协同关系”。后来，纳尔逊（Nelson，1996）基于创新进化论探讨了技术创新和制度创新的融合路径，蒂德（Tidd，2001）、夏皮罗（Shapino，2002）、塔克（Tucker，2002）等研究了系统技术要素和制度要素间的协同过程，劳拉（Laura，2012）着重关注了协同创新网络的创新主体与创新绩效等问题。这些开创性的研究为后来者奠定了扎实的基础。

随着国外协同创新理论研究的不断繁荣，我国学者从20世纪90年代开始从哲学、系统科学、社会学、经济学和管理学等角度对协同创新问题进行了一系列的探讨。笔者在中国知网数据库（CNKI）中检索发现，篇名中含有“协同创新”的相关文献共13387篇（时间跨度为1980年1月至2021年9月）。对这些文献进行分析后，发现国内学者对协同创新的研究热点主要集中在集群协同创新、技术协同创新、知识协同创新、全面协同创新、协同论在协同创新中的应用研究、产学研协同创新、区域协同创新、协同创新网络等领域。但从生态文明视角考察区域协同创新网络的文献还不多见，下文笔者对与本书研究主题密切相关的文献进行回顾与评述。

1.2.1 关于区域协同创新网络的相关研究

协同与创新本是两个独立的概念，随着研究对象的复杂化，越来越多的学者将两者进行了有机结合。科宁（Corning，1998）指出，协同创新是一项复杂的创新组织方式，其关键是通过知识创造主体和技术创新主体间的深入合作和资源整合，产生系统叠加的非线性效用。后来，协同创新的理论与方法被广泛应用于企业创新、集群创新、区域创新、知识创新及技术创新等领域。随着协同创新参与主体的增加和联结方式的多样化，网络节点在协同创新中扮演了重要角色，由此形成了更加复杂的协同创新网络。弗里曼（Freeman，1995）最早研究了协同创新网络问题，把协同创新网络看作是针对系统创新所做出的一种基本制度安排，是伴随着创新过程各环节并行化、创新资源集成化和行为主体协同化而产生的，由包括企业、客户、供应商、大学、研究机构和中介组织等通过形成垂直或水平的关联节点所构成。协同创新网络可以从微观、中观、宏观三个层面进行展开，现有文献主要是从微观层面进行探讨，但也有部分学者对中观层面的区域协同创新网络进行了研究，其主题主要集中在区域协同创新网络的结构组成、驱动机理、影响因素、构建模式、联盟策略等方面。

1.2.1.1　区域协同创新网络的结构组成

从组成要素上来看，协同创新网络一般由创新主体、创新客体、创新环境和网络节点构成。哈迪曼利斯（Hadjimanolis，1999）指出，协同创新网络是由各个创新主体之间形成的垂直或水平的关联节点构成。盖文启（2002）认为，完整的协同创新网络的基本组成要素，主要包括组成网络的关键节点、网络中各个节点之间连接而成的关系链条、网络中流动的生产要素（劳动力、资本、知识、技术等）及其他创新资源等。具体而言，协同创新网络是将各个创新主体要素进行系统优化、合作创新的过程，其结构可从整合以及互动两个维度来分析：在整合维度上，主要包括知识、资源、行动、绩效，而在互动的维度主要是指各个创新主体之间的互惠知识分享、资源优化配置、行动的最优同步、系统的匹配度等（陈劲，2009），最终形成涉及多个层次、多个组织、多个阶段、多种创新要素的动态的复杂的创新网络（刘丹、闫长乐，2013）。潘锡杨、李建清（2014）还创造性地提出了区域协同创新网络的“火箭”结构模型，主要包括由地方政府和终端用户构成的“制导系统”，由企业、大学和研究机构组成的“箭体结构”，以金融机构和中介机构为代表的“推进系统”三个部分。张秀萍、卢小君、黄晓颖（2016）基于“大学—产业—政府”非线性网状创新的三螺旋理论，运用社会网络分析方法对区域创新网络结构及特征进行分析，将区域协同创新网络分为以政府为主导、以大学为主导和以企业为主导三种类型；并发现政府、大学、企业分别在以各自为主导的创新网络中起到资源配置和支撑作用，其他两类主体协同参与创新，而中介机

构在协同创新中主要发挥结构洞作用。哈金斯和普罗科普（Huggins & Prokop，2017）基于“大学—产业—政府”非线性网状创新的三螺旋理论，运用社会网络分析方法，分别构建了以政府为主导、以大学为主导和以企业为主导的三种区域协同创新网络。孙天阳、成丽红（2019）进一步分析了协同创新网络的拓扑结构，并探讨了企业、大学和科研单位的网络地位及格局演化规律。毛义华、曹家栋、方燕翎（2021）构建了一个以资源信息、支持机制、平台及知识为节点基础，以平台耦合为网络联结，以利益共赢为结构反馈的新型研发机构协同创新网络结构。

1.2.1.2　区域协同创新网络的驱动机理

学者们认为，协同创新网络的形成，是各个网络主体相互作用的结果。多兹和哈默尔（Doz & Hamel，2000）对53个联合研发案例的数据进行了分析，识别出协同创新网络形成的两种路径，分别是自生过程和构建过程。李兰冰（2008）把竞争程度、市场竞争模式、创新方式三个方面看成是区域创新网络的多层次发展动因，并从知识创造与共享、集体互动学习、根植性与社会资本等方面剖析了区域创新网络的形成机理。解学梅（2011）在研究都市圈协同创新网络的驱动机理时，发现非线性机制是都市圈协同创新系统要素耦合的根本机制，放大涨落是都市圈协同创新系统的基本效应。陈劲、阳银娟（2012）认为，科技、市场、文化是协同创新的三种驱动力，科学与技术的融合以及技术的多元性共同驱动了协同创新。高丽娜等（2014）也发现，创新要素流动是推动区域协同创新网络形成的根本力量，其首要推动力是创新主体在组织间和区域间的自由流动。因此，协同创新的本质是构建一个创新网络系统，这个系统的目标是追求整体最优，实现可持续的良性发展循环。福斯伯格和林格伦（Forsberg & Lindgren，2015）从知识创造与共享、集体互动学习、根植性与社会资本等方面剖析了区域协同创新网络的形成机理。王聪等（2017）研究发现，人才聚集通过其实现的效应特征作用于区域创新过程，并在创新过程中形成创新成果，进而作用于区域协同创新网络。方炜、王莉丽（2018）认为，协同创新网络的形成有两种方式，一种是以政府发起的项目为引领，自上而下构建出的协同创新系统网络；另一种是基于市场原则，各个创新主体为寻求竞争优势、实现互利共赢而自发形成、自主参与的协同创新网络。周志太（2019）探讨了知识经济时代协同创新网络的形成机理，其路径是通过各资源要素特定属性的协同支配创新系统向着有序方向发展，同时，通过强化整体系统功能，促使创新要素经过一定的组合放大而功效倍增。王海花等（2020）研究了长三角城市群协同创新网络的驱动机理，发现协同创新网络的形成受地理同配性、知识独特性和结构嵌入的影响，合作关系更倾向于中介 2 - 路径结构。郭建杰、谢富纪（2021）研究发现，协同创新网络是组织协同关系社会化特征的体现，其形成受内生因素和外生因素的共同作用。

1.2.1.3 区域协同创新网络的影响因素

由于协同创新是个较为复杂的过程，会受到合作各方的利益分配机制、合作历史、组织间关系，以及企业吸收能力、创新复杂度和产业环境动荡性的影响（Kevin，2017）。张林（2008）把影响区域协同创新网络协同效率的因素归纳为知识传递的性质、区域非贸易依赖特征、地理临近性三个方面。解学梅、曾赛星（2009）把跨区域协同创新网络的影响因素分为制度层面、环境层面、社会资本层面和区位层面四个方面。李煜华等（2013）认为，协同创新预期收益、协同创新风险和协同创新知识位势是影响战略性新兴产业集群协同创新的重要因素。何海燕等（2014）运用 Ordered Logit 预测模型估计了六个影响因素对现阶段产学研协同创新发展问题的影响程度。研究显示，因素“政策法规的支持程度”“知识产权保护和科技成果转化”“多赢的合作利益分配机制”和“产学研协同创新融资渠道完善”对我国产学研协同创新发展面临的主要问题有显著影响；因素“科技中介机构服务能力提升”对“创新主体发展需求问题”的影响并不显著。国家提出创新驱动发展战略后，区域协同创新网络的影响因素更加多元化。尚林（2015）研究发现，在企业构建协同创新网络的过程中，对网络效率影响最大的是高校和科研院所的支持力度，其次是科技中介和政府的支持，而与其他企业间的合作力度对创新网络效率的影响系数最小。臧欣昱、马永红、王成东（2017）研究发现，我国区域协同创新主要受政府、市场和企业三方因素驱动。环境质量因素和创新主体能力因素对协同创新具有正向影响，而创新主体距离对区域协同创新具有显著的负向影响；区域协同创新效率与区域经济发展水平间存在显著的正相关关系。毛

磊、谢富纪、凌峰（2017）从多维邻近视角出发，运用因子分析法构建了跨区域协同创新影响因素模型，发现多维邻近性对跨区域协同创新的影响程度大小依次为认知邻近、地理邻近、组织与社会邻近、制度邻近。杨浩昌、李廉水（2018）研究发现，在企业构建协同创新网络的过程中，对网络效率影响最大的是高校和科研院所的支持力度，其次是科技中介组织和政府部门的支持，而与其他企业间的合作力度对创新网络效率的影响系数最小。吴钊阳、邵云飞、冯路（2020）的研究表明，资源优先连接机制符合现实情境，有利于保持持续的创新网络活力，对企业和政府的行为决策具有一定的影响。王海花等（2021）研究发现，城市拥有的知识元素属性、经济发展水平和科研投入力度会对网络演化产生差异化影响；知识邻近性和组织邻近性在长三角城市群协同创新网络关系形成中始终发挥积极作用，制度邻近性和社会邻近性在网络演化前期发挥积极作用，但是伴随协同创新的深入，二者不利于协同创新网络合作关系形成。

1.2.1.4 区域协同创新网络的构建模式

区域协同创新网络的构建模式与网络特征、创新主体、视角和方法等密切相关（Karima et al.，2018）。当前，学者们构建的区域协同创新网络主要有“四位一体”和“六位一体”两种类型。许彩侠（2011）通过探讨国内一些地区推进“创新驿站”技术转移模式建设的成果，构建了一种新型的包括研究型大学、技术中介机构、中小企业以及政府“四位一体”的区域协同创新网络。崔永华、王冬杰（2011）进一步将其划分为“企业—企业”协同创新网络、“企业—政府”协同创新网络、“企业—研究机构”协同创新网络、“企业—中介服务机构”协同创新网络四种类型。杜兰英、陈鑫（2012）构建了一种由政府部门、企业集团、高等院校、科研机构、目标用户、中介机构等行为主体相互依存、共同发展的“六位一体”区域协同创新网络。丁荣贵等（2012）通过对产学研协同创新项目中各方的社会网络关系进行分析，构建出以产业界和学研界为双中心的社会网络模型。许辉（2013）构建了基于“政产学研资”协同创新的区域创新网络。王章豹等（2015）在分析产学研协同创新内涵和特点的基础上，依据产学研协同创新组织层次和紧密程度，将产学研协同创新分为项目式、共建式、实体式、联盟式及虚拟式五种组织模式。黄海霞、陈劲

(2016) 建构了以知识协同为途径、以知识增值为核心、以创新主体为网络节点的区域协同创新网络模式。刘颖等（2017）从知识互补性角度理论出发，构建了一种分布式协同创新网络，分别是模块型分布式创新网络、序列型分布式创新网络和复杂型分布式创新网络。方炜、王莉丽（2018）通过刻画外界刺激转变过程和网络异质主体行为，构建出以异质性主体为网络要素、以刺激—反应机制为演化机理的协同创新网络模型，并进行了仿真研究。赵泽斌、韩楚翘、王璐琪（2019）对国防科技产业联盟协同创新网络的构建模式进行了研究，发现国防科技产业联盟协同创新网络是水平与垂直网络交织的复杂网络，网络中存在大型军工企业主导的产业链式协同创新网络，也存在产学研主体共同建立的产学研协同创新网络，主体之间通过价值链、信息链和创新链交织融合。

1.2.1.5 区域协同创新网络的联盟策略

协同创新网络的各个创新主体由于有自身的利益考虑，为充分发挥整体创新效应，必须建立科学合理的区域发展联盟。策略联盟（strategy alliance，SA）是基于成本、效率以及竞争优势等因素从战略上与其他企业建立的一种优势互补、风险共担、要素双向或多向流动的松散型关系网络组织形式（Trautwein，1990）。SA 将原来各个信息孤岛联接起来，打破了组织间界线，挖掘出组织边际生产力和利润之源，为双方创造巨大利益（Don，2000）。但是，SA 作为若干相互独立成员为了某些共同利益所结成的临时联合体，其结构必然是相对松散的，因利益的产生而产生，也因利益的消亡而消亡。王子龙等（2006）研究发现，策略联盟内成员企业的创新动力及创新需求随时间变化呈现下降趋势，伴随任务的完成、目标的实现策略联盟将会最终解散，协同创新终止。叶一军等（2014）强调，建设跨行政区域创新体系（联盟）的目的是消除各跨行政区域创新主体之间协同创新机制与体制性障碍，实现创新要素跨区域自由流动、分配与组合，提高跨区域创新主体协同创新效率，降低协同创新风险。此前，陈劲、阳银娟（2012）也认为，建立策略联盟能有效推动区域协同创新网络的构建和良好运行，各创新主体通过正式或非正式的结盟实现知识共享和合作创新，持续地开展技术创新并形成连锁反应机制，加快了创新扩散的速度，在区域创新系统内实现本地企业创新和新一轮的发展。李擘

（2016）认为，基于战略联盟的协同创新模式对于提高科研创新能力、提升产业竞争能力有很强的推动作用，是推动我国产学研全面发展的全新模式。葛秋萍、汪明月（2018）研究发现，产学研协同创新战略联盟是建设自主创新国家，打造经济升级版的主要担纲者，科学合理的收益分配机制是提高联盟凝聚力的前提条件。李玥等（2020）研究表明，科学识别联盟协同创新的关键性激励要素，能够有效激发联盟成员协同创新意愿、动机和行为，进而提升联盟协同创新绩效。

从现有文献的研究主题来看，学者们的研究路径主要是遵循“创新—协同创新—协同创新网络”的逻辑脉络来展开的，但过度关注本地创新网络的构建，只强调本地区域网络节点（如企业、大学、研究机构、政府等）的运行，并没有带来显著的效果。由此可见，区域创新能力的提升不仅取决于本地区域创新要素的良好协同，还取决于跨区域创新协作网络的建立。然而，纵观已有文献，对跨区域协同创新网络的研究还非常少。本书所构建的“中三角”跨区域协同创新网络，是指横跨武汉城市圈、长株潭城市圈和鄱阳湖生态经济区三大子区域的多层次协同创新网络。其中，外圈层是武汉城市圈、长株潭城市圈和鄱阳湖生态经济区三个国家级试验区，内圈层是三大子区域内的规划县域，核心圈是武汉、长沙、南昌三个核心增长极，网络节点是区域内的创新主体、创新客体和创新资源。“中三角”跨区域协同创新网络的共同目标，是通过搭建创新平台，共享创新资源，优势互补，探索生态环境保护与区域经济协调发展的新型道路，在生态文明理念下打造“美丽中三角”。显然，已有文献的研究成果，为探讨“中三角”跨区域协同创新网络的驱动机理、构建策略和联动机制提供了有益参考。

1.2.2　关于生态文明与区域创新关系的相关研究

区域协同创新网络是个开放系统，它的构建和演变必然会受到内外环境的影响，其中，生态环境已成为区域协同创新网络的重要外生变量，生态理论和相关思想对区域创新已产生了较大影响。近年来，区域创新生态系统作为区域创新的新范式，也受到了国内外学者的广泛关注，生态文明与区域创新之间的关系成为学术界讨论的热点。

1.2.2.1 从“创新系统”到“创新生态系统”

区域创新系统的生态化，是把区域创新系统视为生物圈的有机组成部分，在生态学、产业生态学等原理的指导下，按物质循环、生物和产业共生原理对区域创新生态系统内和各组分进行合理优化耦合，建立高效率、低消耗、零污染、经济增长与生态环境相协调的区域创新生态体系的过程（Oughton C.，2002；Cooke Philip，2004）。祁明、林晓丹（2009）认为，创新已经从企业和区域的“孤立创新”走向“生态创新”，“生态创新系统”是一个科技、经济、社会的自组织创新体系和相互依赖的战略生态系统。曾国屏等（2013）梳理了创新研究从创新系统走向创新生态系统的发展历程，从创新生态系统的动态性、栖息性与生长性等方面提出了完善创新生态、落实创新驱动发展战略的对策。陈健等（2016）认为，创新生态系统具有复杂主体、环境匹配、要素互补、多层次网络、平台架构、开放边界、共生共演、自组织、持续创新、价值共创等特征，为创新生态系统的研究提供了多维视角。董铠军（2017）在区分微观创新生态系统与企业创新生态系统之间关系的基础上，从宏观、中观、微观三个层面对创新生态系统进行了重新划分，进一步厘清了创新生态系统的结构层次。詹志华、王豪儒（2018）对区域创新生态系统生成的前提条件与动力机制进行了分析，研究发现：毗邻研究型大学、拥有优越的生活生态系统和开放的市场体系是区域创新生态系统生成的前提条件。物理技术—经济范式的持续变革是其生成的内生动力机制，起决定性作用；创新文化的激励机制、政府政策的引导机制、中介机构的服务机制和用户需求的导向机制等是其生成的外生动力机制，起加速或减速作用。董铠军（2018）依据生态学的基本原理，指出创新生态系统的本质特征是“基于环境的自我调控机制”，并且依照时间、空间不同存在多样化的动态结构。曾赛星等（2019）解构了重大工程创新生态系统的创新主体构成，揭示了重大工程创新生态系统的动态演化规律（主要表现为多主体共生竞合、多阶段交互演化、跨项目动态迁移），探讨了创新场对于创新力提升的影响机理。王发明、朱美娟（2019）基于演化博弈的视角构建了创新生态系统价值共创行为协调机制演化模型，认为创新生态系统价值共创行为演化结果能否向全面协调方向发展，主要受到价值共创超额收益分配比例、协调合作的成本、选择欺骗策略收益以及单独采取合作策略收益及奖惩力度等一系列因素的影响。林勇、张昊（2020）基于开放式创新理论，探索了大数据时代创新生态系统发展趋势和影响机理，并运用超边际分析法，揭示了开放式创新生态系统的演化过程及其价值。解学梅、王宏伟（2020）对开放式创新生态系统价值共创模式与机制进行了分析，研究发现：单一运行模式或治理机制无法促进生态系统实现价值共创；运行模式或治理机制的交互组合是实现生态系统价值共创的最优选择，且存在多条等效路径。魏江、赵雨菡（2021）认为，数字创新生态系统存在创新要素数字化、参与主体虚拟化、主体间关系生态化等鲜明特征，为创新生态系统治理带来挑战。

1.2.2.2 生态理论在区域创新中的应用

覃荔荔等（2011）将生态位适宜度理论引进到区域创新系统的研究中，对传统生态位适宜度模型进行了改进，从多维角度揭示了区域创新系统资源种群与其可变资源环境之间相互作用的耦合关系。余晓钟等（2013）研究发现，低碳经济的发展离不开各区域之间的紧密配合，更需要建立长效的符合区域各方利益的协同创新动力机制，依靠政府和市场的有形之手与无形之手，通过碳市场调节、政府立法和行政干预等手段，区域内外协同创新，逐步建立起跨区域的碳排放控制和低碳协同创新管理机制，促使各区域紧密合作，促进低碳经济的长效协同创新发展。潘郁等（2014）在分析产学研协同创新现实特点与信息生态学可类比性的基础上，用信息生态学的观点解释了产学研协同创新的各主体要素、各要素相应的影响因子以及在整个信息生态系统中各信息生态要素间的关系和影响，建立了产学研技术创新生态模型。张贵、刘雪芹（2016）借鉴自然生态系统中的生态场理论，以生态场视角分析了创新生态系统内部的作用机理和演化过程，发现创新生态场“活化”了创新生态系统内部要素，场内追赶竞争力、合作外溢力、环境根植力及外力以正向动力或负向阻力形式作用于生态系统的内部网络，推动整个创新生态系统不断螺旋上升和演化。曹兴、李文（2017）借鉴态势理论，通过技术生态位“态”的分析，从量上衡量节点的技术创新能力，通过技术生态位“势”的分析，从增长率上衡量节点技术创新能力对网络环境的潜在影响力。李晓锋（2018）分析了“四链”促进创新生态系统能级提升的理论逻辑，并构建出“四链”融合框架模型。

周全（2019）基于生态位理论，从生态位势能、生态位宽度、生态位适宜度等方面来解析企业创新生态圈的形成机理，并揭示出创新主体聚合、要素流动、战略协同对创新生态圈形成的作用。石薛桥、薛文涛（2020）运用面板数据，基于生态位理论，构建了高校科技创新能力评价指标体系，采用熵值法确定指标权重，对我国中部六省的高校科技创新能力进行了评价分析，并揭示出其发展水平和发展趋势。柳卸林、王倩（2021）研究发现，生态领导者通过发现核心价值主张、开放生态系统边界、平衡竞争与合作这三个相互关联的演化过程，共同强调了生态参与者与来自不同领域参与者之间的战略相互依赖关系，有助于为新技术的核心价值主张塑造良好的创新环境，从而推进创新生态系统的成长与稳定。

1.2.2.3 生态系统与区域创新的协调发展

韦斯纳（Wessner，2007）指出，创新系统中不同行动者之间的交互作用处于动态演变的过程之中，公共政策可以通过加强生态系统之间各主体的联系来促进创新，改变了原来认为国家创新体系是历史和文化的产物而难以改变的传统观念。菲内和塔尔曼（Phene & Tallman，2012）提出了利用自我实施约定来减少合作中的机会主义行为的方法，要做到利益分配公平合理、建立多样化的有效沟通渠道、建立良好的信任循环制度。吴绍波（2013）提出，战略性新兴产业创新生态系统的治理机制包括协商机制、声誉机制、信息披露和平台开放机制及信任机制等几个方面，通过几种治理机制的综合运用可以达到克服机会主义行为、提高知识共享意愿的治理目标。危怀安、王婉娟（2015）通过构建 Logistic 模型研究了生态关系对协同创新系统稳定性的影响，发现协同创新系统生态关系是影响系统稳定性的关键问题，系统生态关系从竞争到共生的过程，就是系统从不稳定到稳定的演化过程。李虹、张希源（2016）构建了科技创新与生态环境复合系统协同度模型，并运用计量经济模型从政府、市场、区域三个层面对生态创新协同度影响因素进行实证分析。张贵、吕长青（2017）认为，在协调系统内部各生态位之间的发展关系时，应注重区域内经济发展水平对两个阶段创新效率的促进作用。欧光军、杨青、雷霖（2018）研究发现，国家级高新区普遍存在创新生态能力不强，且在创新生态因子上存在发展不均衡现象。杨玄酯、罗巍、唐震（2019）基于生态位视角，构建了

科技创新竞争力评价模型，对长江经济带沿线11个省（市）生态位值、生态位宽度、生态位重叠度的演化进行了分析，发现各地科技创新竞争力综合生态位值未呈现随时间增长态势，从大到小表现出从东到西距离衰减性。何郁冰、伍静（2020）基于创新生态系统的背景，探讨了企业在创新生态系统中的不同位置（企业生态位）如何影响其与外部组织的技术合作，进而作用于技术协同创新绩效。宋华、陈思洁（2021）研究发现，创新生态系统的协调能力、知识触达能力以及创新扩散能力都会对创新生态系统的健康性产生积极作用，而且创新扩散能力还在另外两种能力作用中具有中介效应，这进一步表明了创新扩散能力在创新生态系统中的关键作用。

回顾文献可知，创新生态系统研究将从以往的更加关注要素构成和资源配置问题的静态的结构性分析，演变到强调各创新行为主体之间的作用机制的动态演化分析，创新系统自身的发展，越来越强调创新要素之间的协调整合形成创新生态。因此，生态因素已成为区域协同创新网络构建必须考虑的重要外生变量。由此可见，武汉城市圈、长株潭城市群“两型社会”试验区和鄱阳湖生态经济区都位于“中三角”的现实布局，决定了其跨区域协同创新网络的构建必须受到生态可持续发展目标的硬约束，已有文献的研究成果为本书提供了重要的理论基础和有益参考。

1.2.3 关于“中三角”区域协同创新的相关研究

前文已提出，“中三角”的核心区域是武汉城市圈、长株潭城市群“两型社会”试验区和鄱阳湖生态经济区三个国家级区域发展规划，其共同目标是探索生态环境保护与区域经济协调发展的新型道路。武汉城市圈、长株潭城市群“两型社会”试验区和鄱阳湖生态经济区建设批复后，学术界对三大区域的创新系统进行了探讨。大多数文献是对武汉城市圈、长株潭城市群、鄱阳湖生态经济区个案的探讨，也有部分文献对“两型社会”和“中三角”的区域创新作了整体考察。

1.2.3.1 “两型社会”试验区及“中三角”的创新系统

武汉城市圈、长株潭城市群“两型社会”试验区的创新系统与资源节约型和环境友好型的生态目标是密不可分的。刘进梅、林青（2008）构建了

“两型社会”协同创新的理论分析框架，提出了社会价值流程的协同创新、社会资本的协同创新和文化认同的协同创新三种协同创新范式。杨平（2011）认为，“两型社会”建设技术创新，是生态学向传统技术创新渗透的一种新型创新系统，是把生态学观点引入技术创新的各个阶段，从而引导技术创新朝着有利于资源、环境保护及其与经济、社会、环境系统之间良性循环的方向协调发展。蔡钰（2014）认为，生态化产业集群发展模式是“两型社会”建设的最佳发展模式，有利于区域经济、社会与生态协调可持续发展。熊小刚（2014）研究发现，“中三角”跨区域创新系统的协同发展过程是一个基于中部三省竞争与合作机制的资源要素匹配过程，在这个过程中区域资源要素间关系是一种非线性关系，通过协同发展最终实现区域间各要素交互性和同步性。刘华、陈金勇（2015）对“中三角”高技术产业科技资源协同创新进行了研究，发现该区域高技术产业科技资源的协同合作还处于起步阶段，有必要进一步完善科技资源协同创新的动力机制、协调机制和共享机制，并在此基础上构建相应的合作框架，以促进该区域高技术产业的发展以及区域经济综合实力的提升。李琳、戴姣兰（2016）研究发现，创新比较优势（CIA）是中三角城市群协同创新系统演化的序参量，中三角城市群协同创新系统演化尚处于初级阶段，初步形成中心—外围的协同创新系统演化结构。易明、高璐、杨丽莎（2017）研究表明，“中三角”子区域之间的创新能力整体上存在较大的差异，但差异在渐渐减小。唐承丽等（2020）对“中三角”区域省级以上创新平台的空间分布特征及其影响因素进行了分析，发现创新平台整体呈现出集聚分布特征，以武汉、长沙和南昌为核心呈“品字形”的分布格局。

1.2.3.2 武汉城市圈的协同创新研究

杨洁（2010）运用区域创新理论对武汉城市圈创新体系的现状进行了梳理，并与国内14个城市圈（群）的创新能力进行了比较，提出了“创新主体转换有序、创新内容轻重分明、创新投入配置高效、创新产出层次合理”的生态试验区建设思路。叶建木、张艳伟（2010）研究发现，武汉城市圈科技创新体系主要存在以下问题：研究与发展投入不足、结构偏失；科技资源向企业集聚不够；科技资源条块分割、地区分割现象严重；对两型社会的导向与措施有待进一步明确与加强。陆小成（2012）认为，武汉城市圈建设区域低碳

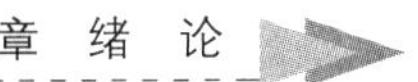

创新系统具有明显的区位优势和空间基础，构建武汉城市圈低碳创新系统需要加强产业层面的低碳技术创新空间关联、区域层面的低碳知识创新空间关联、跨区域层面的低碳文化创新空间关联。白永亮（2012）在相关理论和分析框架下，从不同层面、不同合作形式和不同合作主体等多方位，对武汉城市圈环保合作的组织构建和制度创新作了深入思考。胡艺（2013）强调，武汉城市圈的区域创新能力建设应正确处理政府与市场的关系，以市场为主导，政府保证市场机制的有效运行，营造良好的创新环境。刘承良等（2014）构建了都市圈社会经济—资源—环境系统（ERE）评价指标体系和ERE耦合作用模型，系统揭示了武汉城市圈ERE复合系统耦合作用的时空规律。张春强等（2015）构建了一套由总量指标、质量指标、速度指标、加分指标共4类一级指标和22项二级指标所组成的科技创新综合考评指标体系，对武汉城市圈区域科技创新能力进行了实证分析与综合评价，同时分析了其科技创新能力建设障碍与发展潜力。魏霄、孟科学（2016）的研究表明，武汉城市圈因其开放性特征形成耗散结构，将外界媒质作为平衡力量融入系统运行，抵消了因熵的增加而产生的混乱、无序效应，并通过对资金、能源、技术、人才、信息等参序量的引导保持经济运行的非均衡稳定。陈路（2017）运用Malmquist-Luenberger指数定量测度了武汉城市圈内环境规制对技术创新的影响，并进一步运用面板固定效应模型拟合环境规制与技术创新的关系。危怀安、平霰（2019）研究发现，武汉城市圈两个阶段的科技创新效率时空分异明显，成员城市和中心城市效率差距呈现先缩小后扩大趋势，制约了城市圈整体效率提高。

1.2.3.3 长株潭城市群的协同创新研究

陈文俊（2005）认为，加快长株潭区域协同创新体系建设，要将政府推动与市场导向、制度创新与科技创新、整合资源与优势融合等相结合；要加强宏观调控体系建设、投融资体系建设、载体建设；要强化制度创新与科技创新，与国家创新体系相衔接，在更宏伟的框架中推进长株潭区域协同创新体系的建设。李飞龙等（2010）从系统工程及动态发展的角度出发，通过对长株潭区域两型社会建设中经济增长方式的路径选择分析，构建了长株潭区域基于两型社会总体目标的科技自主创新体系模型。杨友等（2011）基于“两型社会”试验区长沙、株洲、湘潭三市1978～2010年的面板数据，利用生态足迹修正模型，测算其生态足迹的年度变化规律，并将生态资源作为一种社会资本融入到社会生产函数中，利用经典的经济增长模型分析人力资本、实物资本、生态足迹等相关生产要素与经济增长之间的内在影响关系。付丽娜等（2013）将长株潭城市群创新系统划分为三个子系统，并以生态创新理念为导向构建了评价系统发展协调性的指标体系，基于协调度模型测度了子系统发展的有序性与系统发展的整体协调性。杨洁（2013）认为，在低碳经济背景下进行区域产业创新，应加强长株潭城市群内各创新主体的协同合作。李星宇等（2017）运用结构方程模型对湖南省长株潭地区282家新兴技术企业的调查问卷数据进行实证研究。发现创新能力、合作关系、协同机制、创新环境都对企业协同度产生显著的正向影响，且协同创新平台在协同机制与创新环境对协同度的影响中起部分中介作用。杨珍丽等（2018）运用复合系统协同度模型和CRITIC赋权法，从城市群子系统、开发区子系统、产业集群子系统中选取了36个评价指标，对长株潭城市群—开发区—产业集群各子系统有序度及整体协同度进行了测度，并分析了三者协同发展的形成机制。龚常（2019）运用系统动力学模型对长株潭城市群区域产业生态创新系统的运行趋势进行了仿真预测，发现纯粹增加企业与中介服务机构的合作力度，并不能很好地改变生态创新专利数量，无法给长株潭区域生态创新系统带来技术上的革新和突破，反而会提高企业生态创新成本。

1.2.3.4 鄱阳湖生态经济区的协同创新研究

朱再昱等（2009）认为，建立运行高效的协作机制是鄱阳湖生态经济区建设和发展的前提和基础，并通过构建鄱阳湖生态经济区协作机制的模型，提出协作机制中宏观制度和微观制度两个方面创新的具体设想，目的在于使区域内的所有生产要素能够自由流通和重新组合，推进鄱阳湖生态经济区快速建设和协调发展。余达锦、胡振鹏（2010）对鄱阳湖生态经济区生态产业发展现状进行了分析，探讨了生态产业运行的经济发展原则、生态友好原则和产业优化原则，建立了鄱阳湖生态经济区各城镇辐射力模型。彭继增等（2011）运用生态足迹模型和主成分分析法从生态、经济和社会三个方面对鄱阳湖生态经济区的可持续发展能力进行了综合测算，发现鄱阳湖生态经济区2004～2008年经济和社会可持续发展能力在增长，可持续发展综合能力呈上升趋势，但生态可持续发展能力却在下降。赵海婷、朱再昱（2013）在运用 SWOT 分析法对鄱阳湖生态经济区科技创新体系建设的优势、劣势、机会和威胁进行定性分析的基础上，将 AHP 法运用于 SWOT 分析之中，建立 SWOT 定量分析模型，对该地区科技创新体系建设的战略选择进行分析，提出了提升企业技术创新能力、充分发挥高校与科研机构的知识源泉作用、扩大产学研合作、加强中介服务体系建设等对策和建议。刘耀彬等（2015）引入创新扩散因素分析了环鄱阳湖城市体系创新扩散的特征以及创新扩散与城市规模、城市位序之间的关系。结果表明，环鄱阳湖城市体系各城市的创新流强度等级与各城市规模等级基本对应，其创新扩散主要呈现出由大城市扩散到次级规模城市再扩散到小城市的等级扩散模式。梁明壮（2018）对鄱阳湖生态经济区战略性新兴产业进行了 SWOT 分析，分析了鄱阳湖生态经济区的生态属性和自然状态，以及发展新兴产业所面临的机会和威胁。

回顾相关文献可知，已有研究成果对武汉城市圈、长株潭城市群“两型社会”试验区和鄱阳湖生态经济区的创新系统进行了广泛研究，但研究对象以单一系统为主，把三者结合起来考察的文献还不多见。三大区域同处“中三角”，创新资源互补性较强，生态目标相似，构建跨区域协同创新网络，有利于加速实现“中三角”生态环境与区域经济协调发展的宏伟目标。因此，“中三角”通过“两型社会”和生态经济区建设，正在为全国生态文明建设领航，应该以生态文明理念打造“美丽中三角”。

1.2.4 简要评述与总结

国内外学者围绕区域协同创新网络、生态文明与协同创新关系、“中三角”协同创新等主题开展了卓有成效的研究，并积累了较为丰富的研究成果，为本书探讨生态文明视阈下“中三角”跨区域协同创新网络的构建策略与发展对策提供了理论指导和参考依据。总结现有文献，主要存在以下三个特点和发展趋势。

第一，区域创新网络的研究成果较为丰富，但跨区域协同创新网络的研究尚未形成一个系统完整的理论体系。跨区域协同创新网络是综合创新集群理论、协同学理论、复杂科学理论、突变理论等众多研究领域的产物，已有文献为协同创新理论的扩展以及实践层面的持续发展提供了一个极具解释力的分析框架，而协同创新网络理论通过运用强有力的逻辑与独特的分析工具对跨区域协同创新网络研究提供了崭新的视角。然而，已有研究成果大多侧重于区域协同创新网络的内涵、要素、结构、系统内部的协作等，缺乏运用协同理论对创新网络进行跨区域层面的研究，尤其是可操作性的实证研究更为少见。总体而言，跨区域协同创新网络的研究框架尚未形成体系，现有研究仅局限于区域内的协作互动，尚未形成一个系统完整的理论体系，关于跨区域协同创新网络的驱动机理、构建策略、联动机制等现实问题还有待进一步深入研究。

第二，生态文明建设对区域协同创新的影响以描述性分析较多，实证研究有待加强。现有文献把生态思想融入区域创新系统的研究中，形成了区域创新生态系统的理论体系，并对区域创新生态系统的形成过程、概念、特征、模型、对策等进行了探讨，但针对生态系统究竟是如何影响区域协同创新网络的构建和演变的，其内在机理是什么，影响程度有多大等问题进行研究的文献尚不多见，更缺乏相关的实证研究。随着生态文明建设的推进，生态思想对区域创新的影响将越来越突出，而“中三角”作为两型社会试验区和生态经济区所在地，构建跨区域协同创新网络必然要受到生态可持续发展目标的影响。因此，从生态文明的视角探讨“中三角”跨区域协同创新网络的驱动机理、构建策略、联动机制等问题具有重要的现实指导意义。

第三，针对“中三角”区域的个案研究成果较丰富，但从跨区域视角进行探讨的成果尚不多见。已有研究成果对武汉城市圈、长株潭城市群“两型社会”试验区和鄱阳湖生态经济区的创新系统进行了广泛研究，但研究对象以单一系统为主，把三者结合起来考察的文献还不多见。随着创新型国家建设和跨区域经济区的深入推进，如何构建微观、中观、宏观相结合的跨区域协同创新网络值得深入探讨。

基于以上认识，本书综合运用区域经济学、生态经济学、系统科学、协同学、公共政策学等多学科交叉研究法探讨生态文明视阈下“中三角”跨区域协同创新网络的驱动机理，并采取协同学原理、系统动力模型、协同度测算模型等现代定量分析技术进行实证研究，构建生态约束下的跨区域协同创新网络

和联动机制，为推动“中三角”区域经济增长与生态可持续协调发展提供理论支撑和参考依据。

1.3　研究思路与主要内容

1.3.1　研究思路

武汉城市圈、长株潭城市群“两型社会”试验区和鄱阳湖生态经济区都位于“中三角”的现实布局，决定了其跨区域协同创新网络的构建必须受到生态可持续发展目标的硬约束。笔者到“中三角”区域内选取了20余个具有代表性的县（市、区）进行重点调查，掌握各子区域协同创新的现状和问题，论证构建“中三角”跨区域协同创新网络的必要性与可行性；根据协同学原理和系统动力模型揭示“中三角”跨区域协同创新网络的内在机理和关键动因，并运用聚类分析法和因子分析法对其影响因素进行分类和提炼；运用群组决策分析法建立“中三角”跨区域协同度测算的评价指标体系，并应用协同度测算模型进行实证分析；最后运用Agent决策技术构建“中三角”跨区域协同创新网络，根据博弈论中的合作与竞争模型建立策略联盟以寻求最佳的联动机制，并提出一系列的政策建议，为实现“中三角”区域经济增长与生态可持续发展提供理论支撑和参考依据。

1.3.2　主要内容

本书的研究脉络遵从“理论研究—现状研究—机理研究—实证研究—对策研究”这个内在逻辑主线，每个部分的研究内容概述如下。

第一部分：理论研究。

（1）文献梳理与述评。通过图书馆、学术期刊网、地方政府部门等机构和途径收集关于“中三角”跨区域协同创新网络研究领域的书籍、论文、年鉴、政策文本等文献资料，运用内容分析法对这些文献的研究主题进行分类，掌握国内外学者在此领域的研究动态。

（2）理论基础与研究启示。综合运用区域经济学、生态经济学、科技管理学、公共政策学、协同学、系统动力学等相关学科的理论基础，提炼和归纳“中三角”区域科技创新体系协同发展的相关理论，继承和发展区域增长极理论、生态阈值理论、可持续发展理论、区域科技创新理论、协同发展理论等，为后续研究提供了理论支撑。

第二部分：现状研究。

（1）“中三角”区域协同创新的现状分析。运用问卷调查、现场访谈、数理统计等方式和工具，到“中三角”区域选取若干个科技创新体系建设点进行典型调查，分析三者科技创新体系的建设现状、组成要素、服务体系、管理体制等方面的现状和存在的主要问题，并运用比较分析法归纳总结武汉城市圈、长株潭城市群和鄱阳湖生态经济区科技创新体系的共同点和差异。

（2）构建“中三角”跨区域协同创新网络的必要性与可行性。针对“中三角”区域科技创新体系存在的科技资源布局分散，缺乏技术创新的跨区域协同创新体系和公共平台，在生态资源挖掘和低碳经济发展方面存在恶性竞争、重复建设、资源配置不合理等问题，论证构建协同创新网络的必要性；再根据“中三角”区域同处长江中游、经济互补性强、“两型社会”试验区和鄱阳湖生态经济区发展目标相似等共性特征，探讨构建协同创新网络的可行性。

第三部分：机理研究。

（1）“中三角”跨区域协同创新网络的内在机理。根据“中三角”区域在发展目标、地理位置、资源禀赋、政策环境等方面的天然联系，运用成本分析法和系统动力学模型揭示“中三角”跨区域协同创新网络的内在机理，将其归纳为科技资源分布差异、创新要素获取差异、科技产业结构梯度、创新环境不稳定性、政策制度运作差异五个方面；并从获得协同剩余、共担创新成本、获取规模优势、外部环境因素等角度阐释“中三角”区域科技创新体系协同发展的关键动因。

（2）“中三角”跨区域协同创新网络的影响因素。将影响“中三角”跨区域协同创新网络的因素划分为三个维度：一是“中三角”区域各子系统或要素之间由协同作用而实现区域科技创新的必要条件；二是影响区域科技创新

体系协同发展的环境条件，其核心因素是接近性（地理、社会、行业等）；三是区域协同度的高低和由于协同作用所导致的协同剩余（净利益）的分配程度。

第四部分：实证研究。

（1）“中三角”跨区域协同创新网络的参量系统。跨区域创新系统由于涉及多个子系统，系统之间存在较多的影响因素，因此整个系统的常态是非平衡状态，也就是被组织状态，需要借助外在力量才能向自组织状态演化，这些外在因素即构成了影响跨区域创新系统协同发展的参量系统。在不同参量的影响下，跨区域创新系统不断地进行“被组织—自组织—被组织”的循环演化，从而发挥区域创新系统的促进作用。根据协同学理论，跨区域创新系统协同发展的参量系统一般包括序参量和控制参量，其中序参量是指影响系统有序的关键因素，而那些非关键因素称为控制变量。

（2）“中三角”区域协同创新网络协同度的测算模型。“中三角”区域科技创新体系是由武汉城市圈创新系统、长株潭城市群创新系统和鄱阳湖生态经济区创新系统三个子创新系统构成，而每一个子创新系统里，又包含了知识创造、知识获取、知识应用、创新环境和创新绩效五个方面的关键变量。依据《中国区域创新能力报告》的数据，确定权系数，运用系统整体协同度测算模型，计算各子系统的有序度和“中三角”区域科技创新体系整体的协同度。

第五部分：对策研究。

借鉴长三角、珠三角、京津冀跨区域协同创新网络构建和运行的经验，根据超行政区域的“共建、共享、流动、互利”协同发展原则，共建“中三角”跨区域科技创新体系的平台和环境，共享科技创新的成果，实现科技创新各要素的无障碍流动；从国家、中部地区、试验区本身三个宏观层面以及组织领导、战略联盟、联动发展、协调机制、政策配套等微观层面进行复合型的政策设计，为“中三角”跨区域协同创新网络的构建和运行提供有力保障。

1.4 研究方法与技术路线

1.4.1 研究方法

（1）问卷调查与现场访谈法。合理设计调查问卷和访谈提纲，成立专门的调查小组赴“中三角”区域范围内的多个县（市、区）进行典型调查，选取武汉城市圈内的9个县区、长株潭城市群内的6个县区、鄱阳湖生态经济区内的10个县区进行调研，采集第一手材料，并对回收的问卷和访谈记录进行整理和统计，为后续研究提供可靠数据。

（2）聚类分析与因子分析法。运用Spss统计软件的自动聚类功能对“中三角”各子区域的协同创新网络的类型进行准确分类，在分类的基础上再运用因子分析法中的主成分分析提取影响“中三角”跨区域协同创新网络构建的主要因素。

（3）协同学分析法。以协同学的序参量原理为基础，建立适用于“中三角”跨区域协同创新网络的协同度测算模型，计算有序度和整体协同度；运用系统动力模型及Agent决策技术等协同学分析工具对跨区域协同创新网络的影响因子进行测算，建立生态文明建设目标下“中三角”跨区域协同创新网络。

（4）群组决策分析法。将专家咨询法与层次分析法相互融合，通过模拟人思维中的分解、判断和综合，将一位专家扩大到m位专家，将一组判断矩阵扩大到m组判断矩阵，引入群组决策分析模型（Multi-AHP）来建立“中三角”跨区域协同创新网络的评价指标体系。

（5）合作与竞争模型。运用博弈论中的竞争模型探讨“中三角”区域在科技资源布局、科研平台建设、创新网络构建等方面的竞争战略，运用合作模型研究三者在降低科技市场交易成本、共享科技资源、获取规模经济优势等方面的合作战略，推动形成和建立“充分信息→合理分工→适度竞争→融合互补→协同发展”的联动策略。

1.4.2 技术路线

本书研究的技术路线如图1-1所示。

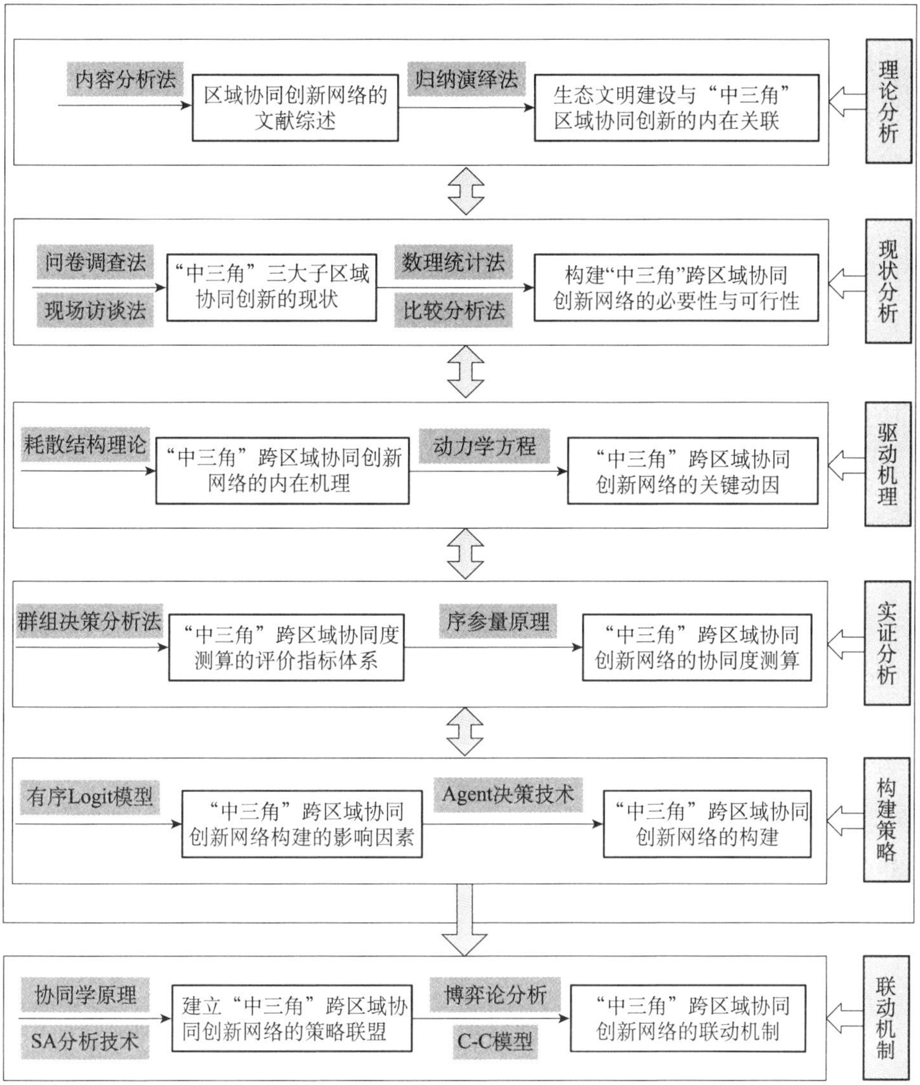

内容分析法
区域协同创新网络的文献综述
归纳演绎法
生态文明建设与“中三角”区域协同创新的内在关联
理论分析

问卷调查法
现场访谈法
“中三角”三大子区域协同创新的现状
数理统计法
比较分析法
构建“中三角”跨区域协同创新网络的必要性与可行性
现状分析

耗散结构理论
“中三角”跨区域协同创新网络的内在机理
动力学方程
“中三角”跨区域协同创新网络的关键动因
驱动机理

群组决策分析法
“中三角”跨区域协同度测算的评价指标体系
序参量原理
“中三角”跨区域协同创新网络的协同度测算
实证分析

有序Logit模型
“中三角”跨区域协同创新网络构建的影响因素
Agent决策技术
“中三角”跨区域协同创新网络的构建
构建策略

协同学原理
SA分析技术
建立“中三角”跨区域协同创新网络的策略联盟
博弈论分析
C-C模型
“中三角”跨区域协同创新网络的联动机制
联动机制

图1-1 本书的技术路线

1.5 本书特色与创新之处

与现有研究成果相比，本书的特色主要体现在以下三个方面。

一是研究对象的新颖性。国内学者对长三角和珠三角区域协同创新进行过一些探讨，但“中三角”这一提法在新闻报道中较为多见，学术界对“中三角”跨区域协同创新网络的研究尚不多，本书在此方面做了系统而深入的探索，取得了系列研究成果。

二是研究视角的独特性。因为“中三角”区域拥有武汉城市圈、长株潭城市群“两型社会”试验区以及鄱阳湖生态经济区三个国家级区域发展规划，本书根据三者的发展目标都对生态环境指标提出了硬约束这一共性特征，提出从“生态文明建设”的视角来研究“中三角”跨区域协同创新网络，这在研究视角上具有明显的独特性。

三是研究方法的多元性。本书综合运用主成分分析法、联立方程组、格兰杰因果检验、系统动力模型、群组决策分析法、协同度测算模型、Agent 决策技术以及博弈论等相关方法和技术来研究“中三角”跨区域协同创新网络的驱动机理、构建策略与联动机制，这在同类研究的方法运用上是个较大的突破。

综合来看，本书的创新之处集中体现在以下三个方面。

一是运用系统耗散结构理论和动力学方程揭示了“中三角”跨区域协同创新活动由无序趋向有序、形成稳定的自组织网络的内在机理，并从获得协同剩余的角度阐释了“中三角”跨区域协同创新网络的关键动因。

二是从“创新基础环境营造—创新人员及资金投入—创新在企业及高新技术产业层面的产出—创新所导致的进一步经济效益—创新促使生态及生活改善”这一逻辑主线出发，运用群组决策分析法来设计相应指标，用于评价生态文明建设导向下“中三角”区域创新网络运行的协调性状况；并以协同学的序参量原理为基础，建立了适用于“中三角”跨区域协同创新网络的协同度测算模型，并运用该模型计算得到“中三角”各子区域协同创新网络的有序度和整体协同度。

三是根据协同学中的区域协同发展理论和系统动力学原理分析跨区域协同创新网络的结构、行为和因果关系，建立了“中三角”跨区域协同创新网络，形成有序的自组织协同发展机制；根据所构建的跨区域协同创新网络结构，建立各网络节点之间的策略联盟，并根据博弈论中的合作与竞争模型，推动形成和建立网络“充分信息→合理分工→适度竞争→融合互补→协同创新”的联动机制。

第 2 章

相关理论基础与研究启示

本章综合运用区域经济学、生态经济学、科技管理学、公共政策学、协同学、系统动力学等相关学科的理论基础，提炼和归纳“中三角”区域协同创新网络的相关理论，继承和发展区域增长极理论、生态阈值理论、可持续发展理论、区域科技创新理论、协同发展理论等，为后续研究提供理论支撑。

2.1 区域发展理论

区域发展理论是二战后在西方迅速发展起来的新兴理论，它的渊源主要来自早期的区位理论，尤其是其中的农业区位论、工业区位论和中心地理论，其理论提出者分别是杜能（Thünen）、韦伯（Weber）和克里斯托勒（Kristaller），他们的理论为后来的区域发展理论体系的构建提供了重要基础。但是，区位理论是建立在经济人假设的基础之上，是从静态和均衡的角度去分析经济活动的空间分布，不能有效解决动态与非均衡的区域发展问题。从时代背景来看，二战结束后，各国致力于国民经济的重建，区域经济迎来了较大发展，从而使得区域发展理论也在不断丰富，并与地理学、经济学、规划学、社会学、管理学等学科进行了有机融合，逐渐形成了若干各具特色的区域经济理论学派。其中比较有代表性的包括建立在历史基础之上的经验学派、强调乡村地区发展与空间均衡的乡村学派、强调工业化与城市化同步进行的现代化学派。这些不同的学派通过深入研究，提出了各自的理论体系，并且丰富了区域经济发展理论的体系。随着研究对象的不断多元化，新的理论学派还在不断产生。到

20 世纪末期，区域经济发展理论已成为现代经济学的重要分支。

2.1.1 区位理论

区位是区域经济发展理论中的重要概念，是其理论体系构建的基石，它主要是指人类生产或生活活动的空间分布及其相互关系。但是，区位除了解释具体的空间几何位置外，还强调各个空间的相互作用和关系。因此，从类型上来看，区位可具体分为自然地理区位、经济地理区位和交通地理区位等不同的空间表现形式。所以，区位理论就是研究人类经济行为的空间区位选择及空间区内经济活动的优化组合。①

德国经济学家冯・杜能（Johan Heinrich von Thunnen）是理论界最早研究区位问题的学者，也是农业区位理论的创始人，他于 1826 年完成的农业区位论专著《孤立国对农业和国民经济之关系》是世界上第一部关于区位理论的古典名著。该书以孤立国为研究对象，分析了农业和国民经济之间的关系，发现了农业区位的重要性。但是，农业区位理论只适合农业时期，随着欧洲产业革命的发生和工业化时代的来临，农业区位理论已失去了实践价值。产业革命时期，工业经济占据了主导地位，涌现了大量的工业企业。在此背景下，德国经济学家阿尔申尔德・韦伯（Alschild Weber）参考农业区位理论，提出了工业区位理论。该理论为工业企业寻找理想的区位提供了很好的依据。韦伯认为，工业企业的区位选择应考虑交通运输、劳动力分布及集聚因素等要素，通过寻找工业产品的生产成本最低点来配置工业企业的理想区位。

随着欧洲产业革命的深入和工业经济的崛起，出现了大量的农村劳动力转移和集中、市场交易活动频繁等现象，这就是城市化的前兆。到 20 世纪 30 年代，西方的城市化已达到了较高的水平，由此所带来的城市用地紧张、城市人口迅速膨胀等问题也越来越严重。针对这些新出现的问题，很多学者借鉴工业区位理论，形成和发展了城市区位理论。其理论核心主要是区位布局、空间结构、土地利用等描述性理论和解释性理论，这些理论较好地解决了城市化过程中遇到的诸多问题。由此可知，区位理论是区域经济发展理论的基础，大致经

① 李仁贵．西方区域发展理论的主要流派及其演进［J］．经济评论，2005（6）：57－62.

历了农业区位论—工业区位论—城市区位论的演变轨迹，为当前跨区域中心区位的选择提供了重要的理论借鉴。

2.1.2　增长极理论

随着区位理论的发展，欧洲一部分发达国家逐渐形成了若干发展较快的特色区域，这些区域在生产制造、产业发展、经济增长等方面都走在前列，引起了早期学者们的广泛关注。最早关注这些区域的是法国经济学家佩鲁（Fransois Perroux），他发现在很多区域内总会存在一两个经济增长较快的核心区域，他把这些核心区域命名为经济增长极，并用此理论来解释和预测区域经济的结构和布局。佩鲁提出经济增长极理论后，引起了学界的广泛关注，并开展了一场关于区域经济平衡增长抑或不平衡增长的大论战，从而进一步促进了经济增长极理论的发展。

佩鲁在考察区域经济的发展顺序时发现，经济增长较快的区域，并不是一开始就全面发展的，也不是每个地方都会出现经济增长的现象，而是某些具有较好条件的地区会率先出现经济增长现象。他借助物理学中的“立场”概念，把这些发生支配效应的经济空间看作力场，而那些位于力场中起到加速推进作用的单元则可称为“增长极”，其作用原理和磁场内部运动在磁极最强这一规律是相类似的，即存在区域极化现象，从而形成多个增长极。在此基础上，佩鲁还仔细考察了增长极的形成和演变过程。他首先提出了一个完全不同于地理空间的经济空间，这是形成增长极的前提条件。地理空间是具体的区域分布，而经济空间则是以抽象的数字空间为基础，它不是存在于地理空间中的某一区位，而是表现为经济元素之间的经济关系。这些经济元素主要是指产业的布局。佩鲁根据产业的作用方式不同将其分为推进型产业与被推进型产业两种类型，两者的主要区别在于经济发展的动力不同。推进型产业的主要动力是技术进步与创新，这些动力促使这类产业变得规模较大、增长速度较快、与其他部门的相互关联效应也较强。但是，推进型产业与被推进型产业并不是相互独立的两个个体，他们之间可以通过经济联系建立非竞争性联合体，但两者承担的角色有所区别。推进型产业发挥的正是增长极效应，通过辐射功能带动其他区域的发展，最终实现整个区域的均衡发展。因此，在佩鲁看来，经济增长极效应的发挥有赖于推进型产业的形成，只有当这些产业的规模扩大到一定程度，才能形成整个区域的经济增长极。

后来的学者对经济增长极理论做了进一步考察，发现产业集聚只是形成区域增长极的一种原始动力，随着产业不断向这些区域集聚，形成了若干个核心区域，这些区域正是现代城市的雏形。法国的另一位经济学家布德维尔（Boudeville）继承和发展了佩鲁的思想，他认为经济空间是经济变量在地理空间之中或之上的运用，增长极在拥有推进型产业的复合体城镇中出现。布德维尔首次从城镇这个角度考察了区域增长极的形成过程。在他看来，增长极是指在城市配置不断扩大的工业综合体，并在影响范围内引导经济活动的进一步发展。因此，布德维尔主张，通过“最有效地规划配置增长极并通过其推进工业的机制”，来促进区域经济的发展。

布德维尔从城市中心论的视角来解释区域增长极的形成过程，更加符合现实区域的发展规律，因此对后面学者产生了深远的影响。佩鲁的产业增长极与布德维尔的城市增长极思想至今仍有重要启示。20 世纪 90 年代，美国经济学家盖尔·约翰逊（D. Gail Johnson）深入研究了前人提出的各种增长极观点，指出影响发展的空间再组织过程是扩散—回流过程，如果扩散—回流过程导致的空间影响为绝对发展水平的正增长，即是扩散效应，否则是回流效应。

在现代区域经济研究中，增长极理论被广泛用作为区域发展的指导理论，对增长极的具体解释产生了众多差异。有人认为，增长极是推进型产业及其相关产业的空间集聚；也有人认为，增长极是一个带动周围区域经济增长的城市中心，并且这个增长极中的城市中心，其特点是在一个时期内比区域其他地区有更高的就业增长率，能通过扩散效应带动周围腹地增长的相关产业的空间集聚。因此，区域增长极具有以下特点：在产业发展上，增长极通过与周围地区的空间关系而成为区域发展的组织核心；在空间上，增长极通过与周围地区的空间关系而成为支配经济活动空间分布与组合的重心；在物质形态上，增长极就是区域的中心城市。可以说，目前对区域增长极的解释都存在布德维尔增长极的观点，都渗透了这样一种思想，即由于区域规模不一，增长极的规模也有等级之分，极化空间与城市中心的等级概念有相应的关系：一个极化区是一个异质空间，其中不同的组成部分相互依赖、相互补充，它们与区内占支配地位

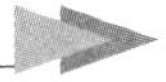

的城市中心或极所进行的商品和服务贸易超过与周边区域的贸易。

2.1.3　产业集群理论

产业集群理论是 20 世纪 20 年代出现的一种西方经济理论，是由迈克尔·波特（Michael Porter）创立并发展和成熟起来的，但其理论渊源可以追溯到亚当·斯密（Adam Smith）的《国富论》。斯密认为，分工是经济增长的源泉，并与市场容量有密切关系，但由于一个国家的内部市场容量是有限的，而要扩大市场就必须进行全球化，这也是专业化所带来的必然结果。马歇尔（Marshall）继承了斯密的分工理论，并在此基础上提出了外部经济的概念。马歇尔认为，外部经济也就是正的外部性或正的溢出效应，能使同行业企业获得一定的优势，从而实现产业集聚。他还把由于资金集中所带来的外部性称之为“金融外部性”，把由于技术创新所带来的外部性称之为“技术外部性”。马歇尔虽然提出了外部经济的概念，但没有用外部经济来分析完全竞争环境的产业收益状况。后来，新经济增长理论的代表人物罗默（Romer）和卢卡斯（Lucas）用外部经济分析法构建了产业增长模型。他们认为，知识溢出是实现经济增长的关键，也是典型的外部经济。

除了从外部经济来讨论产业集群理论外，产业集群与空间联合体的相互作用也是学者们讨论得比较多的主题，主要代表人物有弗洛伦斯（Florence）、斯特雷特（Streit）、里希特（Richter）等。他们认为，集聚经济是不同产业相互作用的结果，并验证了产业间互动的重要性。也就是说，产业集群是形成集聚经济的重要方式，两者的最终目标都是形成空间联合体。佩鲁还研究了增长极与产业集群的关系，认为两者是相辅相成、相互促进的关系，形成增长极的基础是大量的产业集群，而新的产业集群又将形成新的经济增长极。

综上所述，产业集群理论是从新古典经济理论与传统的区域经济理论发展过来的，主要用于解释产业的空间集聚问题。西方产业革命之后，出现了大量的新兴产业，这些产业主要分布在具有地理位置优势和规模经济的区域，久而久之就形成了产业集聚现象。产业集群的形成和发展主要依靠优越的地理位置、较低的运输成本和规模宏大的产业组织。随着产业集群的大规模发展，就会形成区域经济增长极，从而发挥外部经济效应，促进整个区域经济的发展。

由此可见，产业集群是区域经济跨越式发展的重要基石。

2.2 生态经济理论

“中三角”三大区域的核心目标是实现区域经济增长与生态可持续的协调发展，做到“既要金山银山，又要绿水青山”，而要实现这些目标，既要借鉴区域发展理论的精髓，更要从生态经济理论中寻找启示。结合“中三角”三大区域的发展目标与现实状况，本节着重探讨生态平衡理论、循环经济理论、可持续发展理论等生态经济理论对“中三角”三大区域协同创新网络的启示。

2.2.1 生态平衡理论

生态平衡理论（ecological balance）是生态经济中的基础理论，它是研究自然界各个生态系统之间状态的一种理论。生态平衡是指在一定时间内生态系统中的生物和环境之间、生物各个种群之间，通过能量流动、物质循环和信息传递，使它们相互之间达到高度适应、协调和统一的状态。简单来说，生态平衡主要是指生态系统内两个方面的稳定：一是生物种类（即生物、植物、微生物、有机物）的组成和数量比例相对稳定；二是非生物环境（包括空气、阳光、水、土壤等）保持相对稳定。因此，生态平衡是整个生物圈保持正常的生命和维持系统循环的重要条件，能为人类提供适宜的环境条件和稳定的物质资源。

由此可见，生态平衡是生态系统动态变化的过程，当系统内各个要素之间保持合理的比例关系，系统内外的能量和物质在较长时间内处于输入与输出相对等状态时，该系统就达到了平衡状态，其结构和功能也处于相对稳定状态。当系统受到外界干扰时，平衡状态被打破，但能通过自我调节功能恢复到初始的平衡状态。而在生态系统内部，始终处在相对稳定状态。自然生态系统在长期的演化过程中，通过能量的不断交换，使得能量的输入与输出接近相等，从而使整个系统能在较长时间保持平衡状态。生态系统之所以处在平衡与非平衡状态的变换中，主要是因为生态系统内外能量交换的结果。辩证唯物主义理论认为，变化是宇宙间万事万物的最根本属性，生态系统自然也不例外。生态系

统中的生物与生物、生物与环境以及环境各因子之间，都在不断地进行着能量的流动与物质的循环，从而促使生态系统不断发生变化：生物种类由少到多、生物系统由单一到多样化、生物群落类型的转变等；与此相关的生态环境也在不断地变化之中。生态系统内外环境的变化使得生态系统一直处于从平衡到失去平衡又到重新建立平衡的循环往复过程，进而推动生态系统整体和各组成部分的发展与进化。

但是，需要注意的是，生态系统的平衡状态是需要具备一定的条件的，因为生态系统抵抗外界干扰和压力的程度是有限的，其自我调节能力也是有限度的。因此，当外界的干扰和压力在生态系统可承受范围之内时，生态系统能通过自我调节和修复功能达到新的平衡状态；但当外界的干扰和压力太大，超过了生态系统的可承受能力时，生态系统就会遭到永久性的破坏，其自我调节能力也随之丧失，也就不能实现新的平衡状态了。学术界把这个“度”称为“阈限”，一旦超过了这个极限值，整个生态系统就是衰退甚至崩溃，这就是生态失调现象。在这种状况下，仅靠系统自身是无法恢复平衡状态的，必须借助人为有益因素的影响，因此要充分发挥人的能动性以对生态失衡进行修复以达到新的平衡。

2.2.2　循环经济理论

循环经济是现代生态经济理论的重要组成部分，是 20 世纪 60 年代由波尔丁（Paulding）提出并发展起来的。当时的航空航天事业已初见端倪，美国和苏联已发射了多艘宇宙飞船。波尔丁认为，飞船自身是一个与世隔绝的封闭式的独立系统，如果不能实现飞船内的资源循环利用，飞船最终会因为资源耗竭而毁灭。由此，波尔丁联想到整个地球其实和飞船一样，也是个封闭式的独立系统，尽管地球要比飞船大得多，寿命也更长，但地球的资源也是有限的，如果不能实现地球资源的循环利用，地球也会因资源枯竭而走向毁灭。根据这些现象，波尔丁提出了“循环经济理论”，呼吁对地球上的有限资源进行循环利用，这样地球才能得以长期生存。

从理论渊源和最终目标来看，循环经济理论与生态经济理论是一脉相承的。生态经济理论要求发展经济不能破坏生态环境，要把经济系统与生态系统进行有机结合，实现经济社会发展与生态环境的相互协调；而循环经济理论也要求实现生态有限资源的可持续利用，以实现经济的可持续增长。尽管循环经济与生态经济是一脉相承的，但两者之间仍然存在较多的差别。生态经济的理论基础主要来源于生态学，是把生态学中的相关理论借鉴过来分析经济问题，其核心是强调经济增长与生态保护的协调发展，具体而言就是要求转变经济增长方式。因此，在生态经济背景下，人类社会要实现可持续发展，必须改变高消耗、高投入、高污染的粗放式经济增长方式，转向低消耗、低投入、低污染的集约型经济增长方式。循环经济则强调对现有资源的循环利用，要善于变废为宝，实现整个社会的物质大循环，循环经济与低碳经济是内在一致的，都讲究资源的节约和再利用。

从人类工业化进程来看，生态经济与循环经济的出现和发展，与人类生产活动造成的人与自然关系紧张问题密切相关，是人类对自身生产生活方式的深刻反思。随着工业化和城市化进程的加速，全球人口剧增、生态环境恶化、资源浪费与短缺等现象层出不穷，已严重制约了人类社会的进一步发展。在此背景下，以资源循环利用为主要特征的经济发展方式即循环经济受到了关注。循环经济的基本原理是物质循环和能量流动，它们是维系自然生态系统和经济生态系统平衡的两大基本功能。在自然生态系统中，人类、动物、植物、环境处于一种错综复杂的关系之中，其中人类是唯一具有主观能动性的主体，他们在生产生活过程中需要使用环境中的各种资源，但如果使用过度必将破坏系统的平衡，从而威胁自身的生存和发展。因此，要实现人与自然的和谐相处，人类不能一味地向大自然索取，还应及时回馈大自然，如植树造林、退耕还林、改善生态等措施即可有效改善人与自然的紧张关系。在经济生态系统中，经济发展要以维持生态系统的平衡为前提，要实现经济增长与生态平衡的双重目标，必须转变经济发展理念，也就是要实行循环经济发展方式。改变传统经济发展模式中重速度、轻质量，重开发、轻保护，重扩展、轻内涵的陈旧方式，由依赖资源消耗的线性增长方式，转变为资源循环利用的曲线增长模式。

“中三角”区域内的武汉城市圈、长株潭城市群“两型社会”试验区和鄱阳湖生态经济区都是独立的生态系统，系统内均蕴含着丰富的农业资源、水域资源、旅游资源等生态资源，过去由于“两型社会”试验区和鄱阳湖生态经济区长期以传统的农林牧副渔业和旅游业为主要产业，尚未破坏生态环境。但随着战略性新兴产业的发展，三大区域的生态环境面临着巨大压力，这就要求“中三角”区域遵循循环经济理念，以实现区域经济与生态保护的协调发展。

2.2.3　可持续发展理论

可持续发展理论是 20 世纪 60 年代开始出现的一种与生态经济、循环经济一脉相承的理论。该理论的出现与当时的时代背景有很大的关系。二战结束后，世界各地迎来了一段较长时间的相对和平时期，经济发展速度加快、城市化进程日益加速、人口爆发式增长，这一切都对环境的可承受能力提出了严重挑战。而随着《寂静的春天》《只有一个地球》《增长的极限》《我们共同的未来》等科普著作及研究报告的问世和畅销，关于人类的可持续发展问题引起了世界各国学者的广泛关注。一些工业化国家开始对高投入、高消耗的粗放型经济增长方式进行反思和调整，并逐渐引起了其他国家的重视和效仿。

可持续发展问题最初源于对人类生存空间和时间的担忧，主要集中在环境保护方面，是为了克服人类日益增长的物质需求与地球有限资源之间的矛盾问题而发展起来的。随着可持续发展理论的演变与延伸，它已经超越了单纯的环境保护问题，而是与发展问题紧密联系在一起，已经成为一个有关社会经济发展的全面性战略。从可持续发展的概念本身来看，它包括了两个基本要素，即“需要”和对需要的“限制”。人类的各种生产和生活活动，需要地球提供各种资源，但地球上的资源毕竟是有限的，因此要对这些需要进行必要的限制。从可持续发展的具体内容来看，它已经广泛涵盖了经济、社会、生态环境等各个方面，要求人类在发展过程中讲究经济效率、追求社会公平和关注生态和谐环境，最终达到人的全面发展。具体包括以下三个方面。

（1）以质量促进经济的可持续发展。发展经济是一个国家的基本行为，是国家综合竞争力和社会财富的来源和基础。因此，经济的可持续发展并不是以环境保护为由取消或阻碍经济增长，而是应该转变经济增长方式。传统的经济发展是以高投入、高消耗、高污染为主要特征，被称为粗放型模式；而可持续发展观视阈下的经济增长更强调低投入、低消耗、低增长，更重视经济发展的质量，被称为集约型模式。因此，从某种程度上来说，经济上的可持续发展就是要求转变经济增长方式，即由粗放型经济增长方式向集约型经济增长方式转变。

（2）以和谐促进生态的可持续发展。生态系统是人类赖以生存和生活的基础，而发展经济必然会对生态环境造成一定程度的破坏。因此，在发展经济的同时，必须保护和改善地球生态环境，保证以可持续的方式使用自然资源和环境成本，使人类的发展控制在地球承载能力之内。但是，生态的可持续发展并不是一味地保护生态环境，将环境保护与经济发展对立起来，它追求的是人类生产活动与生态系统的和谐共存，两者相互促进，相互融合。

（3）以公平促进社会的可持续发展。从系统观点来看，经济系统和生态系统都是社会大系统中的子系统，无论是转变经济增长方式还是追求生态系统的和谐统一，其最终目的都是为了提高人类的生活水平和改善生活质量，创造一个高度发达和自由发展的社会环境。但是，社会目标和经济发展、生态保护的目标不同，它更注重社会公平的实现。因此，在人类可持续发展系统中，经济可持续是基础，生态可持续是条件，社会可持续才是目的。

综上所述，可持续发展理论追求的是经济发展、生态保护与社会公平的和谐统一，涉及了经济学、生物学、社会学、哲学等众多学科，属于综合性的交叉研究领域。该理论为区域经济发展和生态环境保护提供了诸多启示：区域经济作为经济系统中的重要组成部分，可供发展的资源是有限的，必须走集约型经济增长之路。而转变经济增长方式的重要途径是依靠技术创新，通过创新驱动来促使经济走内涵式发展之路。因此，建立在科技创新基础之上的经济发展较好地符合了可持续发展的要求。

2.3　科技创新理论

科技创新能力是指企业、学校、科研机构或自然人等在某一科学技术领域具备发明创新的综合能力，包括科研人员的专业知识水平、知识结构、研发经验、研发经历、科研设备、经济势力、创新精神七个主要因素，这七个因素缺一不可。其中，专业知识水平是科技创新最基本的条件；知识结构是本单位科技人员具备相互配合所需要的各有所长专业知识；研发经验是科技人员及本单

位从事某一领域科技攻关研究和开发的成功经验和成果；研发经历是科技人员及本单位从事某一领域科技攻关研究和开发的时间和空间；科研设备是本单位开展科研试验需要的硬件设施；经济势力是本单位开展科研试验和相关活动需要的经费来源；创新精神是科技人员本身和集体具备的创造力、创作灵感、奉献精神等思想境界。因此，"中三角" 跨区域协同创新网络的构建也应从这七个方面展开，广泛借鉴技术创新理论、区域创新理论和制度创新理论的相关成果。

2.3.1　技术创新理论

技术创新理论是由熊彼特（Joseph A. Schumpeter）在其《经济发展理论》中首次提出来的，他认为，"创新" 就是 "一种新的生产函数的建立，即实现生产要素和生产条件的一种从未有过的新结合"。在熊彼特看来，创新并不是一种单纯的技术方面的革新，而是一种适应新型环境的革新机制，只有把这种技术革新应用到生产实践中，并对原有的生产体系产生革命性的变化，才是真正的创新。

到了 20 世纪 70 年代，以熊彼特为代表的学者开创了创新研究的 "线性范式"，把企业的技术创新划分为发明—开发—设计—中试—生产—销售等简单的线性过程，这种研究范式能较好地解释企业内部的技术创新过程，但后来的研究者发现，外部的信息交换及规模经济对企业的技术创新具有重要影响，它能有效克服单个企业的创新局限，降低市场带来的创新风险和不确定性。因此，从外部环境来研究企业创新成为一种新的研究方式，并催生了网络范式的兴起。网络范式是创新网络形成的重要基础，它把创新主体、创新客体、创新要素等看成是创新网络的各个节点。创新网络是技术创新的高级阶段，能把各种创新要素有机统一起来，使得技术创新效应更加持久和牢固（Baptista & Swann，1998）。

从科技创新的角度来看，技术创新是科技创新的重要形式，也是高新技术产业发展的重要基础。技术创新理论能较好地解释创新效应的倍增效果，并把现代经济理论和创新理论有机结合起来，对当前国内外的区域创新活动都具有重大的理论指导和现实意义。

2.3.2　区域创新理论

区域是科技创新的主要活动空间，只有将科技创新与区域经济发展结合起来，以科技创新带动区域经济发展。区域创新理论正是区域经济理论与科技创新理论相结合的一种理论，它的研究对象是在一定地理范围内进行创新的企业、科研机构等组织。区域创新理论的最大特征是创新的区域性，实现创新的资源来源于区域内，是一种制度性的行政安排。现实中的区域创新是与区域实际紧密结合在一起的，而由于各个区域的特殊性、多样性和复杂性，区域创新系统的组成、结构和作用方式等都存在很大的差异性。根据区域范围的大小，区域创新系统可从宏观、中观、微观三个层次划分为国家创新系统、跨区域创新系统和单位创新系统。

（1）国家创新系统。国家创新系统是指以一个国家为单位进行的创新活动，它是一国综合竞争力的主要来源。迈克尔·波特（Michael Porter）是较早系统研究国家创新活动的学者，并提出了完整的创新理论。国家创新系统主要是以国家为单位参与全球的创新活动，充分发挥本国的人才、资金、物质等创新资源的优势，吸纳全球资源向本国流动。一般而言，国家创新能力越强，其综合竞争力也越强，经济水平也越发达。因此，我国提出在21世纪建设创新型国家，其目标就是构建完整的、科学的、高效的国家创新系统。

（2）跨区域创新系统。创新资源与要素并不是静止不动的，它在一定的条件下能进行流动，从而使区域之间发生联系。每个国家都是由不同的区域所组成的，行政区划是辨别区域边界的主要依据。跨区域创新系统是指创新活动横跨两个或多个行政区划，并相互作用的综合系统。该系统内的政府部门、企业单位、科研机构、高等院校及科技中介等创新主体可以是区域内的，也可以是来自多个区域。跨区域创新系统是一个国家较常见也较重要的类型，是国家创新系统的重要组成部分。我国的长三角、珠三角及京津冀等区域的创新系统都是典型的跨区域创新系统，为这些区域的经济发展发挥了极为重要的作用。

（3）单位创新系统。单位创新系统属于微观领域的创新系统，是某一个体进行科技创新的活动。跨区域创新系统中的政府部门、企业单位、科研机构、高等院校及科技中介等创新主体都可以看作是单位创新系统。实际上，创

新理论最早正是源于企业的创新活动。在市场经济活动中，企业也是最为重要的科技创新主体。现代企业尤其是高新技术企业，科技创新是其赖以生存和发展的重要基础，是企业竞争力的最重要来源。单位创新系统又是跨区域创新系统乃至国家创新系统的重要组成部分，一个地区进行创新活动的单位个体越多，该区域的科技创新能力就越强。因此，应积极鼓励企业等单位进行科技创新活动，以提升整个地区的科技创新能力。

2.3.3　制度创新理论

技术创新是科技创新活动的主要形式，但是技术创新并不能维系持久的创新活动，并且会导致创新活动的低效率，这就需要制度创新来加以弥补。制度创新理论最早来源于熊彼特的创新理论，但熊彼特的创新理论主要是围绕技术创新展开的，对制度创新的论述较少。后来，美国经济学家戴维斯和诺斯（Davis & North）在 1971 年出版了《制度变革和美国经济增长》一书，系统研究了美国制度变革的原因和过程，探讨了其对美国经济增长的影响，并建立了制度创新模型，从而继承和发展了熊彼特的制度创新学说。

制度创新是指为使创新者获得追加利益而对现行制度进行变革或设计一种新型制度的一系列措施或对策。因此，制度创新包括了两种基本形式：第一种形式是对现行制度进行变革，现行制度在实施过程中，由于不能适应时代发展的需要，或对创新活动产生了阻碍作用，需要对其进行改革；第二种形式是设计一种新的制度来适应时代发展的需要。在制度创新过程中，第一种形式属于修补型，第二种形式属于创新型。前者如法律制度的修改完善、政策文件的出台等；后者如现代企业管理制度的建立、社会保障制度的建立等。

从本质上来说，制度创新和技术创新的目标都是为了获取追加利益（潜在市场利益），但两者又存在诸多区别。其主要原因在于技术创新对物质条件的依赖性较强，而制度创新则不容易受物质资本的限制。因此，技术创新的表现形式一般是技术上的发明或专利，而制度创新的表现形式大多是一种新型管理制度或经营管理形式的出现。由此也可以看到，技术创新比制度创新的时效性更强，技术创新在短时间内就可以实现，带来的社会效应也立竿见影；而制度创新则需要一个比较长的过程，所产生的社会效应也需要经过较长时间才能得到实现。这是因为，制度创新比技术创新要复杂得多，新旧制度的更换需要一个磨合和适应的过程。尤其值得注意的是，制度创新要受到现行制度如法律法规的约束。当制度创新的结果可能与现行法律制度相违背时，社会是不允许进行这样的制度创新的，除非先修改现行的相关规定，这就会产生一定的时滞性。即使没有与现行法律制度相抵触，制度创新也需要具备一定的条件，即要有制度创新的动机和力量。如果现行制度已经实现了较好的均衡状态，对其进行改革并不能带来更大利益的话，是不会产生制度创新的动力的。但是，当外在环境发生较大变化后，使得制度创新的预期收益较大时，就会出现新的制度创新，重新达到制度均衡。因此，制度不断完善的过程，就是这样一种周而复始的从制度的非均衡到制度均衡的动态变化与发展过程。在市场经济条件下，制度创新的主体也呈现多元化趋势，主要包括政府、团体和个人等。制度创新是需要一定的成本的，而不同的创新主体所产生的创新成本也是不一样的。一般而言，政府是最为重要的制度创新主体。因为政府本来就是现行制度的设计者和推动者，由其进行制度创新具有较大的优越性。一般情况下，进行制度创新需要付出巨大的费用，团体或个人往往无力承担这些高额成本，而政府则有能力承担这些费用。当然，政府毕竟只是代表了大多数选民的意见，其所设计的制度也是从一部分人的利益出发的，其他人的利益就保障不了，这也是政府主导型制度创新不可避免的现象。

2.4 对本书的相关启示

长江中游城市群的特色是覆盖了武汉城市圈、长株潭城市群“两型社会”试验区和鄱阳湖生态经济区三个国家级子城市群，其优势在于生态资源丰富，对保障长江水生态安全具有突出重要的地位。在生态文明建设理念下，“中三角”跨区域协同创新网络的构建与发展，需要充分挖掘区域发展理论、生态经济理论和科技创新理论的借鉴价值。区域发展理论启示“中三角”要明确区域定位，打造核心增长极，实现合作共赢；生态经济理论启示“中三角”要发挥生态优势，实现生态与经济可持续发展；科技创新理论启示“中三角”要创新驱动发展，共建共享科技创新资源。

2.4.1　明确区域定位，打造核心增长极，合作共赢

区域发展理论主要包括区位理论、增长极理论、产业集群理论等。区位理论认为，地理区位、资源禀赋等是影响区域经济发展的重要变量，大致经历了农业区位论—工业区位论—城市区位论的演变轨迹，为当前跨区域中心区位的选择提供了重要的理论借鉴。区域增长极理论认为，在产业发展上，增长极通过与周围地区的空间关系而成为区域发展的组织核心；在空间上，增长极通过与周围地区的空间关系而成为支配经济活动空间分布与组合的重心；在物质形态上，增长极就是区域的中心城市。区域产业集群理论认为，产业集群的形成和发展主要依靠优越的地理位置、较低的运输成本和规模宏大的产业组织。随着产业集群的大规模发展，就会形成区域经济增长极，从而发挥外部经济效应，促进整个区域经济的发展。从地理区位来看，“中三角”地处长江中游，属于内陆沿江地区，和东部沿海地区相比具有一定的区位劣势，这也使得“中三角”区域在改革开放过程中缺乏吸引力，导致了“中部塌陷”。但随着交通条件的改善，尤其是高铁的普及，使得处于中心区域的“中三角”成为全国重要的交通枢纽。当前，“中三角”外部已形成三小时交通圈，内部已形成一小时交通圈，区位优势得以凸显。从区域增长极来看，“中三角”是我国国土面积最大的城市群，已成长为继长三角、珠三角、京津冀之后的第四大增长极，对促进我国区域平衡发展具有重要意义。而在“中三角”内部，已初步形成三个层次的区域增长极。第一层是武汉城市圈、长株潭城市群和鄱阳湖生态经济区三个子城市群；第二层是武汉、长沙、南昌三个省会城市组成的核心增长极；第三层是湖北咸宁、湖南岳阳、江西九江三个毗邻城市组成的小型区域增长极。这三个层次的区域增长极共同发挥作用，带动整个“中三角”区域的发展。从产业集群来看，武汉城市圈、长株潭城市群和鄱阳湖生态经济区在战略性新兴产业布局上已形成优势互补、错位发展、产业链融合的发展格局。武汉城市圈重点发展汽车、钢铁、石化、电子信息、纺织、建材等优势产业；长株潭城市群已形成机械制造、有色金属、轻工材料、创意文化、冶金材料和电子信息等产业集群；鄱阳湖生态经济区重点打造航空制造、LED 光电、绿色食品、新能源汽车、现代纺织等优势产业。

2.4.2 发挥生态优势，实现生态与经济可持续发展

生态经济理论是生态学与经济学的融合理论，运用生态学思想研究经济发展问题，主要包括生态平衡理论、循环经济理论和可持续发展理论。生态平衡理论认为，当系统内各个要素之间保持合理的比例关系，系统内外的能量和物质在较长时间内处于输入与输出相对等状态时，该系统就达到了平衡状态，其结构和功能也处于相对稳定状态。当系统受到外界干扰时，平衡状态被打破，但能通过自我调节功能恢复到初始的平衡状态。自然生态系统在长期的演化过程中，通过能量的不断交换，使得能量的输入与输出接近相等，从而使整个系统能在较长时间保持平衡状态。循环经济理论认为，在经济生态系统中，经济发展要以维持生态系统的平衡为前提，要实现经济增长与生态平衡的双重目标，必须转变经济发展理念，也就是要实行循环经济发展方式。改变传统经济发展模式中重速度、轻质量，重开发、轻保护，重扩展、轻内涵的陈旧方式，由依赖资源消耗的线性增长方式，转变为资源循环利用的曲线增长模式。可持续发展理论认为，经济的可持续发展并不是以环境保护为由取消或阻碍经济增长，而是应该转变经济增长方式。传统的经济发展以高投入、高消耗、高污染为主要特征，而可持续发展观视域下的经济增长更强调低投入、低消耗、低增长，更重视经济发展的质量。因此，从某种程度上来说，经济上的可持续发展就是要求转变经济增长方式，即由粗放型经济增长方式向集约型经济增长方式转变。“中三角”三大区域的核心目标是实现区域经济增长与生态可持续的协调发展，做到“既要金山银山，又要绿水青山”，而要实现这些目标，既要借鉴区域发展理论的精髓，更要从生态经济理论中寻找启示。“中三角”区域内的武汉城市圈、长株潭城市群“两型社会”试验区和鄱阳湖生态经济区都是独立的生态系统，系统内均蕴含着丰富的农业资源、水域资源、旅游资源等生态资源，过去由于“两型社会”试验区和鄱阳湖生态经济区长期以传统的农林牧副渔业和旅游业为主要产业，尚未破坏生态环境。但随着战略性新兴产业的发展，三大区域的生态环境面临着巨大压力，这就要求“中三角”区域遵循循环经济理念，以实现区域经济与生态保护的协调发展。

2.4.3 创新驱动发展，共建共享科技创新资源

科学技术是第一生产力，是创新驱动发展的重要力量。国家提出的创新驱动发展战略，就是要发挥科技创新的引领作用，促进经济社会的全面发展。科技创新理论主要包括技术创新理论、区域创新理论和制度创新理论。科技创新理论认为，网络范式是创新网络形成的重要基础，它把创新主体、创新客体、创新要素等看成是创新网络的各个节点。创新网络是技术创新的高级阶段，能把各种创新要素有机统一起来，使得技术创新效应更加持久和牢固。区域创新理论是区域经济理论与科技创新理论相结合的一种理论，它的研究对象是在一定地理范围内进行创新的企业、科研机构等组织。区域创新理论的最大特征是创新的区域性，实现创新的资源来源于区域内，是一种制度性的行政安排。技术创新是科技创新活动的主要形式，但是技术创新并不能维系持久的创新活动，并且会导致创新活动的低效率，这就需要制度创新来加以弥补。制度创新的表现形式大多是一种新型管理制度或经营管理形式的出现。技术创新比制度创新的时效性更强，技术创新在短时间内就可以实现，带来的社会效应也立竿见影；而制度创新则需要一个比较长的过程，所产生的社会效应也需要经过较长时间才能得到实现。

第 3 章

“中三角”发展战略的演变与进展

3.1 “中三角”发展战略的演变

3.1.1 “中三角”发展战略的提出

“长江中游城市群”最初是鄂湘赣三省联手谋求全国区域发展新增长极，以武汉城市圈、长株潭城市群、鄱阳湖生态经济区等合作打造的国家规划重点地区，又称“中三角”。“中三角”发展战略的渊源最早可追溯至2004年国家推动的中部崛起战略规划。2006年4月，中共中央、国务院出台《关于促进中部地区崛起的若干意见》，标志着中部崛起成为国家重要发展战略。2007年12月，武汉城市圈和长株潭城市群同时获批为全国资源节约型和环境友好型社会（简称“两型社会”）建设综合配套改革试验区；2009年12月，国务院正式批复《鄱阳湖生态经济区规划》，标志着建设鄱阳湖生态经济区正式上升为国家战略。此后，国务院相继出台《促进中部地区崛起规划实施意见》《关于促进中部地区城市群发展的指导意见》《关于大力实施促进中部地区崛起战略的若干意见》等系列重要文件。在系列政策的推动下，中部六省的综合实力得到了显著提升，并逐渐形成了若干个各具特色的发展区域，包括长江中游城市群、中原经济区、皖江经济带等。为加速中部地区的崛起进程，依托长江黄金水道优势，湖北、湖南、江西三个位于长江中游的省份开始谋划深度合作，共同打造长江中游城市集群，其远景目标在于成为继环渤海、长三角、珠

三角之后的中国经济增长“第四极”。2012年2月10日，长江中游城市群三省会商会议在武汉东湖国际会议中心举行。来自中国工程院、中国社会科学院、国家发改委、国务院发展研究中心等国家部委和科研院所的领导和学者，以及由湖北、湖南、江西三省省委、省政府主要领导率领的代表团参加了会议，就共同推进长江中游城市集群建设进行深入探讨，并达成高度共识。这标志着长江中游城市集群从构想、探索，进入全面启动和具体实践新阶段，“中三角”发展战略初步形成。2012年8月，国务院出台《关于大力实施促进中部地区崛起战略的若干意见》，“中三角”进入国家战略视野。2012年12月底，时任国务院副总理李克强在江西九江主持召开区域发展与改革座谈会。在谈到长江中游城市群建设时，他对安徽、湖北、湖南、江西等省负责人说，建议把安徽纳入进来。此后，“中三角”扩展为“中四角”，成为中部崛起发展战略的重要组成部分。

3.1.2 “中三角”发展战略的推进

3.1.2.1 省级政府层面的推进

2011年4月和7月，湖北省党政代表团分别考察湖南和江西，倡议共同构建长江中游城市群。2012年2月10日，长江中游城市群三省会商会议在武汉举行，湖北、湖南、江西三省省委省政府主要领导率领的代表团参加了会议，就共同推进长江中游城市集群建设进行深入探讨，共同签订《加快构建长江中游城市集群战略合作框架协议》。2015年3月《长江中游城市群发展规划》获批以来，鄂湘赣三省建立健全工作机制，在深化区域合作、基础设施联通、产业协同发展、生态文明共建、公共服务共享等方面取得了积极成效，推动以武汉城市圈、长株潭城市群、鄱阳湖生态经济区为主体的长江中游城市群建设迈上了新台阶。

2018年4月，鄂湘赣三省共同召开了长江中游地区省际协商合作会议，会议审议通过了长江中游地区省际协商合作轮值制度及十三件实事，签署了《长江中游地区省际协商合作行动宣言》，就深化三省合作达成共识。随着长江经济带发展上升为国家战略，2019年5月20日至22日，习近平总书记在江西考察并主持召开推动中部地区崛起工作座谈会。2021年3月30日，中共中央政治局审议通过《关于新时代推动中部地区高质量发展的指导意见》，明确要求“推动中部地区加快崛起、推进长江中游城市群协同发展”，中部地区尤其是长江中游三省发展迎来了难得的历史机遇。

2021 年 3 月中旬，湖北省党政代表团专程到湘赣两省学习考察，会商合作事宜，达成了加快长江中游城市群协同发展、打造全国重要增长极的共识。4 月，三省签署了省际协商合作工作机制备忘录。2021 年 5 月 23 日，“2021 长江中游三省常务副省长联席会议”在武汉召开，会议讨论、审议了《加快长江中游三省协同发展行动计划》等 8 个文件。《加快长江中游三省协同发展行动计划》从区域发展、基础设施、文化旅游、产业创新、生态环保、民生及公共服务、人才交流、社会治理、完善省际协商工作机制 9 个方面，将三省协同发展的领域、事项具体化、清单化，具有很强的可操作性。在总方案指引下，《长江中游三省省会城市深化合作工作方案》《深化长江中游三省文化旅游合作方案》《深化洞庭湖生态经济区四市协作工作方案》《九江黄石鄂州黄冈四市人民政府关于深化跨江合作推进区域融合发展的框架协议》，从省会合作、领域合作到毗邻区域合作，合作步步深入，向纵深拓展。

此次三省联席会上还审议并原则通过了《长江中游城市群协同发展联合办公室组建方案》，不仅将三省省际协商工作机制加以固化，还赋予联合办公室负责组织研究三省区域协同发展的重大问题并提出建议、牵头编制中长期发展规划和年度工作计划、负责重点领域合作事项的统筹协调和督促检查等八大职责，联合办公室于 2021 年 6 月底进入实质性运行，合作机制进一步做实。

2021 年 9 月 10 日，“2021 长江中游三省协同推动高质量发展座谈会”在湖北省武汉市召开，湖北、湖南、江西三省主要负责人相聚东湖湖畔，共商深化三省区域合作工作，携手推动长江经济带发展。会议审议通过《深化协同发展　加快绿色崛起——长江中游三省战略合作总体构想》，审议并签署了《长江中游三省协同推动高质量发展行动计划》《长江中游三省文化旅游深化合作方案》等 6 个合作文件，揭牌“推进长江中游三省协同发展联合办公室”。

3.1.2.2 省会城市层面的推进

为推进“中三角”发展战略，长江中游城市群的四个省会城市决定每年举办一次会商会议。2013 年 2 月 23 日，长江中游城市群四省会城市首届会商会在武汉举行。会上，长沙、合肥、南昌、武汉四省会城市达成《武汉共识》，将联手打造以长江中游城市群为依托的中国经济增长“第四极”。2014 年 2 月 27 日至 28 日，长江中游城市群省会城市第二届会商会在长沙举行。会上，长沙、武汉、南昌、合肥四省会城市共同签署发布了《长沙宣言》，携手冲刺中国经济增长“第四极”。2014 年 4 月 28 日，国务院总理李克强在重庆主持召开座谈会，研究依托黄金水道建设长江经济带，为中国经济持续发展提供重要支撑。会上，国家发改委负责人汇报了长江经济带建设总体考虑和相关规划。上海、江苏、浙江、安徽、江西、湖北、湖南、四川、重庆、云南、贵州 11 个长江经济带覆盖省（市）政府主要负责人汇报了对建设长江经济带的思考和建议。李克强指出，建设长江经济带，就是要构建沿海与中西部相互支撑、良性互动的新棋局，通过改革开放和实施一批重大工程，让长三角、长江中游城市群和成渝经济区三个“板块”的产业和基础设施连接起来、要素流动起来、市场统一起来，促进产业有序转移衔接、优化升级和新型城镇集聚发展，形成直接带动超过 1/5 国土、约 6 亿人的强大发展新动力。这次座谈会就长江经济带区域的划分达成了共识，即以重庆为中心的上游地区（涵盖了四川、重庆、云南、贵州四省市）、以武汉为中心的中游地区（涵盖了湖北、湖南、江西三省）、以上海为中心的下游地区（涵盖了上海、江苏、浙江、安徽四省市）。2015 年 4 月 5 日，经李克强总理签批，国务院批复同意《长江中游城市群发展规划》，规划涵盖湖北、江西、湖南三省，标志着“中三角”格局正式得到国家批复，而此前一直参与长江中游城市群规划的安徽省因已被划入长江三角洲城市群的范畴之中，正式退出“中四角”格局，但合肥市作为安徽省省会一直参加了长江中游城市群省会城市会商会。

截至 2020 年 12 月底，长江中游城市群省会城市共召开了八届会商会，取得了重要合作成果，极大地推动了“中三角”发展战略的实施。长江中游城市群省会城市第一届至第八届会商会的基本情况见表 3 - 1。

表 3-1　长江中游城市群省会城市第一届至第八届会商会的基本情况

会议届别	会议时间	会议地点	会议概况
第一届	2013.2.23	武汉	签署《武汉共识》，四个省会城市的宣传、经信、教育、科技、规划、环保、交通、商务、文化、卫生、旅游 11 个部门签署合作子协议
第二届	2014.2.27	长沙	签署《长沙宣言》，明确了未来一段时期四市之间将进一步深化交流合作的努力方向和主要领域，提出共同探索创新驱动、转型发展新道路，建设具有国际竞争力的特大城市群，力争将长江中游城市群打造为中国经济发展“第四极”
第三届	2015.2.7	合肥	签署《合肥纲要》，围绕市场一体化、基础设施互联互通、环境保护联防联治、产业合作、社会公共服务共享等方面提出具体合作事项，并确定一批重要事项或重大建设项目，在全国两会期间共同争取国家支持
第四届	2016.3.1	南昌	签署《南昌行动》，明确了四省会城市合作新目标：争当长江中游城市群合作的典范；共同打通长江中游城市群水、陆、空交通大通道，提高客流、物流通行效率；四省会城市公共服务一体化水平有明显提高；四省会城市产业集群配套率水平显著提高
第五届	2017.4.10	武汉	签署《长江中游城市群省会城市合作行动计划（2017—2020 年）》，共同推进重大事项、重大项目、重大政策布局，提升四市辐射引领服务功能，推动长江中游城市群形成“核心带动、多极协同、一体发展”新局面，努力把长江中游城市群建设成为长江经济带重要支撑、全国经济新增长极和具有重大国际影响力的国家级城市群
第六届	2018.9.27	长沙	签署《长江中游城市群建设近期合作重点事项》《长江中游城市群省会城市新区发展合作框架协议》《长江中游城市群省会城市共建科技服务资源共享平台合作协议》三个文件。四市致力于共同搭建互联互通的跨区域科技资源共享平台，建立长江中游城市群省会城市新区综合配套改革试验区联动示范区，并在科技资源共享、推动新区发展、近期务实合作事项等方面达成诸多共识
第七届	2019.12.4	合肥	签署《长江中游城市群省会城市高质量协同发展行动方案》，并与黄石、岳阳等观察员城市共同签署《长江中游城市群建设 2020 年合作重点事项》。四省会城市将结成更加紧密的战略共同体，在基础设施互联互通、科创产业协同发展、城乡区域融合发展、生态环境共同保护、公共服务便利共享等方面强化合作，总结可复制可推广的政策措施，辐射带动周边城市高质量发展，提升长江中游城市群整体高质量发展水平
第八届	2020.12.11	南昌	签署《长江中游城市群建设 2021 年合作重点事项》《长江中游城市群省会城市与观察员城市 2021 年合作重点事项》。主动对接长三角一体化、粤港澳大湾区等国家战略，推动区域合作迈上新台阶；进一步推动长江中游城市群四省会城市之间，省会城市与观察员城市之间的更宽领域、更深层次、更高水平的合作，形成以点带线、以线带面的区域协同发展格局，在融入新发展格局中共享发展新机遇、拓展共赢新空间

资料来源：根据长江中游城市群省会城市第一届至第八届会商会材料整理。

3.2 “中三角”区域范围的界定

当前，学术界和实践界对“中三角”的区域范围仍存在一定的争议，争论的焦点在于是否应该把安徽纳进来。实际上，“中三角”形成初期并不包括安徽省，直到李克强总理 2012 年底在九江座谈会上提出要把安徽纳入“中三角”，安徽加入后，“中三角”扩大为“中四角”。但是，安徽省的发展战略一直是把自己定位为泛长三角的重要区域，始终把融入长三角作为区域发展目标。在 2014 年 4 月底李克强总理主持的长江经济带建设座谈会上，安徽再次被划为长江下游地区。2015 年 4 月 5 日，国务院批复同意《长江中游城市群发展规划》，规划涵盖湖北、江西、湖南三省，安徽省被明确划入长江三角洲城市群的范畴之中，正式退出“中四角”格局。事实上，从长江流域水段来看，安徽应处于长江的中下游，但处于长江下游的区域要显著多于处于长江中游的区域，总体上还是处于长江下游。因此，安徽融入长三角的区域发展战略更加符合安徽的实际。综上所述，本书所研究的“中三角”区域仅包括湖北、湖南、江西三个省份。结合现有文献，笔者认为，“中三角”区域可从广义和狭义两个角度来进行界定。广义上的“中三角”是指以三大城市圈为核心、辐射带动下的中部三大省份（湖北、湖南和江西）。狭义上的“中三角”是指以湖北武汉城市圈、湖南长株潭城市群、江西鄱阳湖生态经济区所包含的 7 个中心城市（湖北的武汉，湖南的长沙、株洲、湘潭以及江西的南昌、九江、景德镇）和周边 19 个地市或部分区形成的城市群落。具体来说，狭义上的“中三角”区域是以武汉、长沙、南昌 3 个已经形成的中心城市为核心，以武汉城市圈为重要辐射极，联合长株潭城市群、环鄱阳湖城市群等中部经济发达地区，以浙赣线、长江中游交通走廊为主轴，呼应长江三角洲和珠江三角洲的国家规划重点地区和全国区域发展新的增长极。“中三角”各子区域及其覆盖范围见表 3－2。

表 3－2　“中三角”各子区域及其覆盖范围

三大子区域概况	武汉城市圈	长株潭城市群	鄱阳湖生态经济区
国家发展战略规划	“两型社会”试验区	“两型社会”试验区	生态经济区

续表

三大子区域概况	武汉城市圈	长株潭城市群	鄱阳湖生态经济区
覆盖区域范围	以武汉为圆心，包括黄石、鄂州、黄冈、孝感、咸宁、仙桃、天门、潜江周边8个城市所组成的城市圈。共有1个副省级城市、5个地级市、3个省直辖县级市、7个地级市辖县级市和15个县	以长沙、株洲、湘潭三市为中心，1.5小时通勤为半径，包括岳阳、常德、益阳、娄底、衡阳5个省辖市在内的城市聚集区	以鄱阳湖为中心，包括南昌、九江、景德镇3市，以及鹰潭、新余、抚州、宜春、上饶、吉安的部分县（市、区），共38个县（市、区）和鄱阳湖全部湖体在内

资料来源：《武汉城市圈区域发展规划（2013—2020年）》《长株潭城市群区域规划（2008—2020）》《鄱阳湖生态经济区规划》。

本书所研究的是狭义上的“中三角”。“中三角”区域涵盖整个长江中游，跨三省、越两湖，国土面积达32.61万平方公里，比面积21.17万平方公里的长三角城市群还要大10万多平方公里，是主要城市群中面积最大的，2020年末总人口约1.3亿。“十三五”时期，长江中游城市群经济总量由2014年的6万亿元，增长到2020年的9.39万亿元，仅次于长三角的20.5万亿元，以及珠三角的10.2万亿元，位居我国主要城市群的第三位。人均GDP达7.2万元，居城市群第四，其中长三角为13.2万元，珠三角为11.1万元，京津冀为7.7万元。①

作为长江经济带的重要组成部分，长江中游城市群承东启西、连南接北，是实施促进中部地区崛起战略、全方位深化改革开放和推进新型城镇化的重点区域，在我国区域发展格局中占有重要地位。从地形来看，武汉距长沙300公里、距南昌260公里，与长三角和珠三角平坦的地势相比，“中三角”区域间山水相阻，地形复杂。长江中游城市群是我国具有优越的区位条件、交通发达、科技教育资源丰富的城市群之一，在我国未来空间开发格局中，具有举足轻重的战略地位和意义。从表3-2可以看到，在“中三角”三大区域规划中，武汉城市圈的规划面积最大，人口最多，GDP总量也最大。但长株潭城市群的发展最为均衡，长沙、株洲、湘潭实力相差较小，且一体化程度最高，已实现公共交通、教育、医疗、通信等领域的共享。武汉城市圈则主要依赖于武汉，其他八个城市的实力相对较弱。而鄱阳湖生态经济区无论是GDP总量

① 相关数据根据《中国统计年鉴（2021）》整理所得。

还是人均 GDP，均处于三大区域的最末位。

3.3 “中三角”区域合作的进展

自 2012 年 2 月 10 日长江中游城市集群三省会商会议和 2013 年 2 月 23 日四省会城市举行长江中游城市群省会城市首届会商会议以来，武汉城市圈、长株潭城市群和鄱阳湖生态经济区，以及武汉、长沙、合肥、南昌四省会城市合作深度和广度不断拓展，加快推动创新资源流动、产业发展协作、基础设施联通、社会事业联合、生态环境保护，下好区域协调发展“一盘棋”，为促进区域协调发展向更高水平和更高质量迈进做出积极探索和重要贡献。近年来，四省会城市合作解决了许多单一城市依靠自身不能解决的难点和问题，也积累了很多成功经验，为中国区域合作探索了新路径，提供了示范。

3.3.1 建立四省会城市合作新的体制机制

2013 年 2 月，长江中游城市群省会城市首届会商会在武汉召开，拉开了武汉、长沙、合肥、南昌四省会城市合作共赢的大幕。截至 2020 年 12 月底，已召开八届会商会。八年来，通过国家发改委的大力支持和四省会城市的不断努力，长江中游城市群省会城市合作取得了令人瞩目的成就。

四省会城市充分发挥政府的引导作用，探索建立了四省会城市合作新的体制机制，初步形成了“决策—协调—执行”合作框架。2013 年至今，四省会城市市委书记、市长出席了八届会商会，审议决定了城市之间的合作重大事项，共同签署了《武汉共识》《长沙宣言》《合肥纲要》《南昌行动》《长江中游城市群省会城市合作行动计划（2017—2020 年）》《长江中游城市群建设近期合作重点事项》《长江中游城市群省会城市高质量协同发展行动方案》和《长江中游城市群建设 2020 年合作重点事项》等合作协议，在共同建设具有国际竞争力的特大城市群、共同推动区域开放融合创新发展等方面达成了共识。

为健全四省会城市合作机制，更加有效协调落实会商会议定的重要事项，2015 年，建立了省会城市合作协调会制度。为有效执行省会城市会商会、协调会有关决定，根据长江中游城市群省会城市第三届会商会议定事项，在武汉市设立长江中游城市群城市合作秘书处，依托武汉市长江中游城市群合作与发展办公室（武汉市发改委）开展工作，作为省会城市会商会、协调会的日常执行机构。

3.3.2 推动四省会城市经济发展协同合作

一是旅游产业合作不断深入。四省会城市共同推出了长江经济带旅游精品线路，并合作打造了“美丽中三角，我的家乡我的城”旅游品牌，联合赴国内重要旅游市场开展旅游促销。以“携手中三角、合作研学游”为主题，组织开展长江中游城市群主题游活动，武汉、长沙、合肥、南昌等15个城市深入开展了互动交流，拓展了合作渠道。

二是金融合作全面展开。2015年10月，长江中游城市群首届金融峰会在南昌召开，发布了《长江中游城市群金融合作与发展倡议书》。2017年4月，四省会城市就共同防范、处置区域金融风险签署了合作备忘录，约定按照“优势互补、互帮互助、协同合作、齐抓共管”的原则，在争取政府和监管部门支持、监测预警平台共享、案件处置联动协调、落实属地稳控原则及加强对新金融业态、金融创新的研究等方面开展合作。

三是科技合作深入开展。自2013年2月23日四省会城市举行长江中游城市群省会城市首届会商会以来，建立了轮值主席会议召集制度，每年召开一次市际科技联席会议，由四省会城市政府分管副市长率团参加，共同推进四省会城市科技实质性合作。近年来，武汉、长沙、合肥、南昌四中心城市合作深度和广度不断拓展，围绕创新驱动，积极推进科技成果鉴定、科技奖励评审和科技项目评审评估合作，四省会城市专家库共享机制已经形成。同时，签署了“共建长江中游城市群省会城市科技服务资源共享平台”合作协议，加快促进科技服务资源在区域间流动共享，成立了长江中游城市群科技成果转化促进联盟和协同创新联盟。

3.3.3 加速推进共建共享共治的基本公共服务体系

一是在医疗、教育合作方面，四省会城市共同签署了《长江中游城市群省会城市血液安全合作框架》，共同签署了四地医药卫生学会合作共建框架协议书，制定了《长江中游城市群急救联盟章程》，长江中游城市群院前急救联盟扩展到 40 个成员单位。同时，成立了长江中游城市群公共卫生协作研究中心，长江中游城市群疾病预防控制体系和重大区域性疾病的联防联控机制建设项目进入实施阶段。与此同时，每年举办一届长江中游四省会城市教研协作体年会，以及长江流域六省会城市地理学科核心素养提升暨高考备考策略高端研讨培训会。此外，四省会城市的义务教育学校之间组建了结对学校、开展了校际合作交流。

二是文化交流日益频繁。长江中游城市群“四城有戏”文化交流活动不断深入，汉剧《优孟衣冠》、湖南花鼓戏《凤冠梦》、安徽庐剧《梁山伯与祝英台》和南昌采茶戏为代表的地方剧种交流频繁，戏曲演出市场联动效应初显。

三是在平台建设上，2014 年在全国率先开展省际公积金异地贷款，公积金互认互贷经验在全国推广。智慧城市标准化建设取得突破，四省会城市数据资源中心已统一接入国家数据共享交换平台，实现了跨地域、跨层级、跨部门、跨行业的数据互联互通。

3.3.4 加快建设市场监管、公共资源交易一体化体系

一是有力推动市场监管一体化。四省会城市共同签订了质监合作备忘录、市场监管工作合作框架协议和制造业企业质量信用等级评定互认协议，建立了信息交流、资源共享、市场准入、品牌互认、打假联动等机制。当前，长江中游城市群省会城市（区域）工商政务云平台已投入运营，对食药违法行为联合监测预警。

二是大力推动公共资源交易管理一体化。四省会城市共同签署了《长江中游四省会城市远程异地评标合作框架协议》，并基本完成了远程异地评标系统的建立。“长江中游四省会城市招标投标信息服务网”建成并投入运用。

三是加快推动诚信建设一体化。四省会城市合力开展“诚信建设万里行”活动，大力营造“知信、用信、守信”的良好氛围。武汉市开通“信易贷”网上申办，通过“云税贷”线上为全市诚信纳税企业发放贷款。长沙市推出

“税金贷”“发票贷”等“信易贷”产品。合肥市推出“创新贷”“订单贷”“银税易贷”等以信用评级为基础的金融创新产品。

3.3.5 实现城市间交通基础设施互联互通

一批重点交通项目顺利推进，让城际互动愈加紧密。四省会城市共同签署了《长江中游城市群省会城市交通运输合作框架协议》，共同实施促进四省会城市间的互联互通基础设施。2020 年底，南昌市南昌龙头岗综合码头一期工程已投入运行；京九客运专线商丘至合肥段、南昌至赣州段高铁正式开通运营；合安高铁完成静态验收，计划 2021 年内通车；合武高铁加紧可研编制；安九高铁、昌景黄高铁、昌九客专、武汉至阳新高速公路、铜陵江北港铁路专用线、合新六城际铁路加快建设；长沙、岳阳深入探索共建虞公港“飞地港”、合安高速改扩建工程；合肥市方兴大道互通立交至马堰枢纽段已于上年年底建成并投入运营；铜陵江北港铁路专用线全面推进。这些项目的顺利实施推进，为实现交通基础设施互联互通奠定了坚实基础。

3.3.6 大力推动长江经济带绿色发展

自 2012 年初签订长江中游城市群战略合作框架协议以来，长江中游省会城市就积极倡导开展了区域环境治理领域的各项合作，签署了《武汉共识》《长沙宣言》等协议，确定了加强江湖综合治理与保护，共同推进以长江及其主要支流、鄱阳湖、洞庭湖为重点的大江大湖综合治理等环境重点合作领域，不断构建跨区域生态环境保护联防联控体系。

长江中游省会城市还先后召开多次长江中游城市群生态环境合作会，特别是 2019 年 8 月联合签署了《长江中游城市生态环境合作协议书（2019—2020)》，就健全完善生态环境合作协商机制、推动构建生态环境风险防范体系、加强污染天气预警预报协作与防治技术交流等 7 个方面合作达成共识，大力推动长江经济带绿色发展。同时，各城市加快完善环保立法、强化污染治理，大力整治环境安全隐患，坚决查处环境违法行为，积极防范突发环境事件和污染纠纷，并签订了应急资源共享协议，实现应急资源的共享。

第 4 章

“中三角”区域科技合作的现状分析

2012 年 2 月 10 日，长江中游城市群三省会商会议在武汉举行，湖北省、湖南省、江西省共同签署了《加快构建长江中游城市集群战略合作框架协议》，三省将携手共筑长江中游城市群，打造中国经济新的增长极。会议决定，三省之间将建立省际联席会议制度，鄂湘赣三省党政主要领导轮流作为召集人，每年定期召开一次省际联席会议。同时，三省还将建立区域合作领导小组制度、三省部门联席会议制度和信息互通和情况通报制度。根据三省合作协议，推动“中三角”跨区域科技合作将是重点合作事项。

2012 年 3 月 31 日，鄂湘赣三省科技厅厅长在武汉签订长江中游城市群科技合作框架协议，这标志着“中三角”科技合作正式启动。根据框架协议内容，鄂湘赣三省科技厅将在建立科技联席会议制度、做强高新技术产业、争取国家科技计划支持、推动产学研合作、实现科技创新资源共享、加强科技计划管理与协调、开展区域可持续发展战略研究、设立长江“中三角”科技创新论坛等方面，开展广泛深入的合作，推动三省科技创新跨越式发展。此次会议确定建立“中三角”区域科技联席会议制度，由三省科技厅轮流支持，每年举行一次。联席会议设联络办公室，联络办公室实行轮值制，首期设在湖北省科技厅。

4.1 “中三角”区域科技资源的分布情况

“中三角”区域拥有较为丰富的科技资源，下面对武汉城市圈、长株潭城市圈、鄱阳湖生态经济区三个子区域的高等院校、研发机构、创新平台、科技成果、高新技术产业等科技资源分布情况进行简要分析。①

4.1.1 武汉城市圈科技资源的分布情况

湖北省是科教大省，武汉城市圈拥有非常丰富的科技资源。2020 年，武汉城市圈内拥有普通高等学校 92 所，其中世界一流大学建设高校 2 所，世界一流学科建设高校 5 所；在校生 136.2 万人，毕业生 30.3 万人，其中在校研究生 13.1 万人，研究生毕业生 3.1 万人，“两院”院士 75 人，位居全国前列。建有国家研究中心 1 个，国家重点实验室 27 个，省级重点实验室 152 个；国家级工程技术研究中心 19 个，省级工程技术研究中心 483 个；国家重点实验室、工程技术研究中心等国家级科技创新平台数量居全国前列、中西部地区之首。全年共登记重大科技成果 1430 项，其中基础理论成果 52 项，应用技术成果 1220 项，软科学成果 113 项。共签订技术合同 37650 项，技术合同成交金额 1406.52 亿元。获国家科技奖 25 项，获发明专利授权 13256 件。省创投引导基金财政资金到位 8.12 亿元，累计参股设立子基金 27 支，子基金总规模达 60.72 亿元，引导全省注册设立股权投资机构 1772 家。全年高新技术产业完成增加值 8326.23 亿元。其中，规模以上高新技术产业增加值 8014.35 亿元，高出全省规模以上工业增加值增速 3.5 个百分点；高新技术产业增加值占总体 GDP 的比重达到 19.87%，比上年增长了 3.77 个百分点。拥有高新技术产业开发区 26 个，其中，国家高新技术产业开发区 9 个，省级高新技术产业开发区 17 个，拥有高新技术企业 7321 家。

4.1.2 长株潭城市群科技资源的分布情况

长株潭城市群拥有较为丰富的科技资源。2020 年，长株潭城市群内拥有普通高等学校 73 所，其中世界一流大学建设高校 3 所，世界一流学科建设高校 1 所；在校生 113.6 万人，毕业生 26.8 万人，其中在校研究生 8.7 万人，研究生毕业生 2.1 万人，“两院”院士 73 人，位居全国前列。建有国家重点实

① 本部分数据根据《湖北科技统计年鉴（2021）》《湖南科技统计年鉴（2021）》《江西科技统计年鉴（2021）》整理。

验室 19 个，省级重点实验室 283 个；国家级工程技术研究中心 14 个，省级工程技术研究中心 411 个；国家重点实验室、工程技术研究中心等国家级科技创新平台数量居全国前列。全年共登记重大科技成果 513 项，共签订技术合同 10826 项，技术合同成交金额 692.17 亿元。获国家科技奖 12 项，获发明专利授权 10327 件。全年高新技术产业完成增加值 8326.23 亿元，高新技术产业增加值占总体 GDP 的比重达到 20.54%，比上年增长了 4.2 个百分点。拥有高新技术产业开发区 19 个，其中，国家高新技术产业开发区 6 个，省级高新技术产业开发区 13 个，拥有高新技术企业 7826 家。2020 年研发投入总量达 711.32 亿元，投入强度由 1.43% 提升到 1.98%，提升幅度居全国第二、中部第一，是全国唯一研发投入总量和强度排名同步提升的省份。

4.1.3 鄱阳湖生态经济区科技资源的分布情况

鄱阳湖生态经济区的科技资源与武汉城市圈、长株潭城市群相比有较大差距。2020 年，全省共有普通高等学校、独立学院和成人高等学校 96 所，其中普通高等学校 86 所（含独立学院 13 所）、成人高等学校 10 所，鄱阳湖生态经济区范围内拥有普通高等院校 75 所，其中世界一流学科建设高校 1 所；在校生 108.3 万人，毕业生 23.7 万人，其中在校研究生 4.3 万人，研究生毕业生 1.1 万人，“两院”院士 5 人。建有国家重点实验室 3 个，省级重点实验室 176 个；国家级工程技术研究中心 6 个，省级工程技术研究中心 312 个。全年共登记重大科技成果 133 项，共签订技术合同 2563 项，技术合同成交金额 132.5 亿元。获国家科技奖 3 项，获发明专利授权 3380 件。全年高新技术产业完成增加值 4675.85 亿元，高新技术产业增加值占总体 GDP 的比重达到 18.21%，比上年增长了 2.3 个百分点。拥有高新技术产业开发区 17 个，其中，国家高新技术产业开发区 7 个，省级高新技术产业开发区 10 个，拥有高新技术企业 4296 家。

4.2 “中三角”区域科技合作的主要内容

2012 年 3 月 31 日，鄂湘赣三省科技厅厅长在武汉签订长江中游城市群科技合作框架协议，标志着“中三角”科技合作正式启动。2012 年以来，长江中游城市群科技合作得到了国家层面、省级层面、省会城市、省直科技部门、市直科技部门、科技研究机构、高等院校以及企业的大力支持和全方位参与。国家层面主要是从专项发展规划方面予以政策支持，如出台《促进中部地区崛起规划实施意见》《关于促进中部地区城市群发展的指导意见》《关于大力实施促进中部地区崛起战略的若干意见》《长江中游城市群发展规划》《关于新时代推动中部地区高质量发展的指导意见》等重要文件；省级层面的支持主要体现在建立了省际会商机制，签署了《加快构建长江中游城市集群战略合作框架协议》《加快长江中游三省协同发展行动计划》《长江中游三省协同推动高质量发展行动计划》等合作协议和行动计划；省会城市之间则建立了每年一次的固定会商制度，并依次签订了《武汉共识》《长沙宣言》《合肥纲要》《南昌行动》《合作行动计划（2017—2020）》《长江中游城市群省会城市高质量协同发展行动方案》等具有紧密联系的纲领性文件；省直科技部门方面，鄂湘赣三省科技厅签订了《长江中游城市群科技合作框架协议》，建立了中三角区域科技联席会议制度，联席会议设联络办公室，联络办公室实行轮值制；省会城市市直科技部门则签署了《长江中游城市群暨长沙、合肥、南昌、武汉科技合作协议》，确定每年轮流在四个省会城市召开一次科技合作联席会议，截至2020年底，已开展了七次联席会议，并分别形成了第一届至第七届科技合作联席会会议纪要等文件。长江中游城市群跨区域科技合作的重要文件见表4－1，其文件主要内容见表4－2。

表4－1　　长江中游城市群跨区域科技合作文件汇总

政策等级	文件名称	发布时间
国家层面	《关于促进中部地区崛起的若干意见》	2006.4.15
	《促进中部地区崛起规划》	2009.9.23
	《促进中部地区崛起规划实施意见》	2010.8.12
	《关于促进中部地区城市群发展的指导意见》	2010.8.25
	《关于大力实施促进中部地区崛起战略的若干意见》	2012.8.27
	《长江中游城市群发展规划》	2015.4.13
	《促进中部地区崛起规划（2016—2025年）》	2016.12.7
	《关于新时代推动中部地区高质量发展的指导意见》	2021.7.22

续表

政策等级	文件名称	发布时间
省级层面	《加快构建长江中游城市集群战略合作框架协议》	2012. 2. 10
	《关于建立长江中游地区省际协商合作机制的协议》	2016. 12. 1
	《长江中游地区省际协商合作行动宣言》	2018. 4. 19
	《加快长江中游三省协同发展行动计划》	2021. 5. 23
	《深化协同发展　加快绿色崛起——长江中游三省战略合作总体构想》	2021. 9. 10
	《长江中游三省协同推动高质量发展行动计划》	2021. 9. 10
省会城市层面	《武汉共识》	2013. 2. 23
	《长沙宣言》	2014. 2. 27
	《合肥纲要》	2015. 2. 7
	《南昌行动》	2016. 3. 1
	《长江中游城市群省会城市合作行动计划（2017—2020）》	2017. 4. 10
	《长江中游城市群建设近期合作重点事项》	2018. 9. 27
	《长江中游城市群省会城市高质量协同发展行动方案》	2019. 12. 4
	《长江中游城市群建设 2021 年合作重点事项》	2020. 12. 11
	《长江中游三省省会城市深化合作方案》	2021. 9. 10
省直科技部门	《长江中游城市群科技合作框架协议》	2012. 3. 31
	《长江中游鄂湘赣三省区域协同创新合作框架协议》	2021. 6. 23
	《长江中游城市群科技服务联盟合作框架协议》	2021. 7. 9
市直科技部门	《长江中游城市群暨长沙、合肥、南昌、武汉科技合作协议》	2013. 2. 23
	《长江中游城市群省会城市首届科技合作联席会会议纪要》	2013. 4. 24
	《长江中游城市群省会城市第二届科技合作联席会会议纪要》	2014. 6. 12
	《长江中游城市群省会城市第三届科技合作联席会会议纪要》	2015. 10. 30
	《长江中游城市群省会城市第四届科技合作联席会会议纪要》	2016. 11. 10
	《长江中游城市群省会城市第五届科技合作联席会会议纪要》	2017. 12. 30
	《长江中游城市群省会城市第六届科技合作联席会会议纪要》	2018. 9. 27
	《长江中游城市群省会城市第七届科技合作联席会会议纪要》	2019. 12. 5

资料来源：根据长江中游城市群三省会商会议、长江中游地区省际协商合作会议、长江中游三省常务副省长联席会议、长江中游城市群区域科技联席会议、长江中游城市群四省会城市会商会议等会议材料整理。

表4-2　　长江中游城市群跨区域科技合作重要政策文件概要

文件名称	科技合作内容概要
《长江中游城市群科技合作框架协议》(2012.3.31)	由湖南、江西和湖北省科技厅签署的在科技领域的首个跨省域的合作协议，合作的具体内容包括：一是共同组织实施一批重大共性关键技术研发与产业化项目，形成上下游共生、差异化共赢、多样化共荣的区域化产业链和产业集群；二是结合各省经济和社会发展现实需要，集成高校、院所和企业的优势，共同申报、承担国家科技计划；三是不定期开展大规模产学资对接洽谈和技术交易，实现技术与产品、技术与资本对接，研究建设中三角技术（成果）交易平台；四是推动三省国家和省级重点实验室、工程技术研究中心等创新平台人才、科技项目交流与合作；五是围绕长江、环洞庭湖、环鄱阳湖等重点区域的农业和资源环境，共同研究相关重大科技问题，协调统筹科技资源，推动重点区域创新发展
《长江中游城市群暨长沙、合肥、南昌、武汉科技合作协议》(2013.2.23)	重点从以下九个方面开展科技合作：一是建立四省会城市科技联席会议制度；二是推进科技资源相互开放和共享；三是建立产业推进合作机制；四是支持四省会城市高新区间的合作交流；五是积极推动“两型社会”建设与合作；六是共同推进节能与新能源汽车产业的发展；七是鼓励科技成果、科技人才、创业资本等科技要素在四省会城市的有序流动；八是开展科技成果鉴定、科技奖励评审和科技项目评审评估合作；九是共同促进科技成果转化和产业化
《长江中游城市群省会城市首届科技合作联席会会议纪要》(2013.4.24)	重点从以下五个方面开展科技合作：一是实现四省会城市专家库共享，推进科技成果鉴定、科技奖励评审和科技项目评审评估合作；二是共同推进节能与新能源汽车产业的发展；三是推进科技资源相互开放和共享；四是积极支持和参与在四省会城市举办的技术人才对接及科技会展活动；五是积极推进国家创新型试点城市建设工作
《长江中游城市群省会城市第二届科技合作联席会会议纪要》(2014.6.12)	围绕积极支持四省会城市高校、科研院所、企业开展产学研对接活动；进一步完善科技奖励、科技计划项目异地专家评审机制；鼓励建立跨区域技术创新联盟；支持四省会城市企业与高校联合申报国家重大科技项目；开展四省会城市“十三五”科技发展规划前期研究合作等五个方面开展工作，将四市科技合作不断向“多元化、常态化、实效化”方向推进，打造全国重要的区域协同创新高地，促进经济社会的共同发展
《长江中游城市群省会城市第三届科技合作联席会会议纪要》(2015.10.30)	重点从以下六个方面开展科技合作：一是将合作内容纳入四省会城市科技发展“十三五”规划；二是四省会城市之间互派科技管理人员和科研人员挂职交流学习；三是开展四省会城市新能源汽车设施城际规划布局，打造新能源汽车产业集群；四是加强高新技术产业区域集群发展；五是促成四省会城市科技资源共享、科技成果转化一体化；六是探索开展四省会城市产业合作专项基金
《长江中游城市群省会城市第四届科技合作联席会会议纪要》(2016.11.10)	重点从以下六个方面开展科技合作：一是加强创新联动发展，共享改革创新举措；二是共同打造自主创新示范区建设，提升城市核心竞争力；三是搭建科技信息的交流与互动平台，推动专家库资源开放共享；四是强化创新资源优势互补，推进创新载体平台合作；五是构建科研条件共享共用平台，提高科技创新驱动能力；六是共同加强知识产权保护，促进知识产权健康发展
《长江中游城市群省会城市第五届科技合作联席会会议纪要》(2017.12.30)	重点从以下五个方面开展科技合作：一是建立创新平台共享机制，推动科技创新资源开放共享；二是加强产业创新合作，共筑产业创新发展新优势；三是推进自主创新示范区合作，协同发展战略性新兴产业；四是建立互通共享的成果转化平台，推动四省会城市科技成果转化；五是建立知识产权协同保护机制，加强知识产权保护合作

续表

文件名称	科技合作内容概要
《长江中游城市群省会城市第六届科技合作联席会会议纪要》(2018.9.27)	重点从以下三个方面开展科技合作：一是加强战略对接，深化合作交流，充分发挥联席会议等机制作用，四市科技局加强沟通交流；二是加强合作对接，培育壮大市场，坚持依托转业服务机构，通过政府购买服务的方式，充分挖掘各城市各行业的科技创新需求，形成辐射面大、影响力深的科技创新要素交易市场，提供丰富的市场信息和前沿动态；三是加强政策支持，优化发展环境，各城市联合开展调查研究，制定出台互利互惠的财税支持、金融优惠等政策，支持长江中游城市群科技服务业发展壮大
《长江中游城市群省会城市第七届科技合作联席会会议纪要》(2019.12.5)	重点从以下五个方面开展科技合作：一是加速开放创新，打造区域创新发展新高地；二是加强协同合作，推进创新链与产业链融合；三是加快要素流动、促进各类主体协作融通；四是组建新型研发机构战略联盟，推进长江中游城市群四省会城市新型研发机构合作，探索科技成果转化的区域合作新模式；五是加速区域城市间技术、人才、资金与信息交流，实现优势互补、资源共享，形成城市科技全面开放合作新格局
《长江中游鄂湘赣三省区域协同创新合作框架协议》(2021.6.23)	该协议主要聚焦推进区域创新联动、加强技术协同攻关、共享科技创新资源、促进科技成果转化、强化科技创新创业、对接科技金融服务、携手国际与区域合作创新七个方面。主要合作内容包括：一是推进“三区”“三走廊”合作对接；二是加强技术协同攻关，支持两地高校、科研院所和企业，围绕国家重大战略需求，建立关键核心技术攻关协作机制，共同开展基础研究、应用基础研究及前沿技术研究；三是共享科技创新资源，支持三省共同建设一批重大科技创新平台，推进重大科技基础设施、重点实验室、技术创新中心、工程技术研究中心、临床医学研究中心、中试基地等研发服务平台和大型科学仪器设备实现开放共享等
《长江中游城市群科技服务联盟合作框架协议》(2021.7.9)	长江中游城市群科技服务联盟由长江中游城市群综合科技服务平台研发与应用示范项目组发起成立，联合长江中游城市群从事科技服务的机构、企业及其他科技服务创新主体组成。联盟的主要目标是推动信息和资源共建共享、建立运行管理长效机制、开展产业科技创新服务、构建高端科技服务业高端交流研讨平台、促进联盟内部共享合作五大方面，立足三省科技资源、产业基础和发展需求，实现科技资源共享、优势互补、协同创新、合作共赢，开创三省科技创新合作新局面，共同打造长江中游城市群协同创新共同体
《长江中游三省协同推动高质量发展行动计划》(2021.9.10)	围绕国家重大战略需求，三省共享科教资源，强化创新引领，支持高校、科研院所和企业加快新一代信息技术、先进装备制造、航空航天、新能源、新材料、生物医药、现代种业等优势产业合作创新，共同申报国家重大科技专项，开展关键核心技术攻关。构建协同创新布局，围绕重点产业，构建“三核多链”的区域协同创新布局，高水平建设中国光谷、中国“V”谷、中国稀金谷等科技创新城；推进以“光芯屏端网”、大健康、生物医药、智能制造等产业集群为纽带的“三走廊”构建

资料来源：根据长江中游城市群三省会商会议、长江中游地区省际协商合作会议、长江中游三省常务副省长联席会议、长江中游城市群区域科技联席会议、长江中游城市群四省会城市会商会议等会议材料整理。

从以上政策文件来看，长江中游城市群科技合作主要呈现了三个特点：一是从合作政策等级来看，大到国家层面，小到市直科技部门，都制定了较为详细的科技合作规划或协议，这体现了顶层设计的引领性；二是从合作时间来看，2012～2021 年基本每年都有签订合作文件，尤其在 2013 年签订了三份合作文件，这体现了长江中游城市群科技合作的连续性和稳定性；三是从科技合作的内容来看，可以分为综合性和专项性两种类型，综合性的主要是指国家层面、省级层面、省会层面的合作文件，这些层面的合作政策文件大都包含了多个领域的合作内容，科技合作仅仅只是其中的一部分。专项性的主要是指省直科技部门和市直科技部门的合作文件，这些层面的合作政策文件全部是关于科技合作的内容。具体来看，涉及共建科技创新平台、建立科技示范应用一体化推广机制、开展大规模产学研对接洽谈和技术交易、科技成果鉴定、科技奖励评审和科技项目评审评估、加强知识产权保护等重要事项。整体来看，随着合作的不断推进，从最开始的提出要在科技领域进行合作，到现在的提出如何在科技领域进一步合作，体现了长江中游城市群跨区域科技合作在持续不断深化和完善。

4.3 “中三角”区域科技合作的主要成效

近年来，四省会城市贯彻落实《长江中游城市群暨长沙、合肥、南昌、武汉科技合作协议》精神，在各市政府领导的重视和关心、四城市科技系统的努力和配合下，坚持突出重点，加大交流、互访与区域合作，开展了卓有成效的工作，取得了良好实效，为区域经济的繁荣、社会的发展提供了强有力的科技支撑。

4.3.1 积极开展区域创新合作课题研究

围绕四省会城市科技合作和交流，自第三次科技合作会商会以来，四省会城市协力推进科技合作的“十三五”和“十四五”科技发展规划研究。长沙市科技局牵头开展了“长江中游城市群省会城市科技发展比较研究”，形成了调研报告，总结了四省会城市科技工作成就和问题，为编制四省会城市“十三五”和“十四五”科技发展规划、科技体制改革、科技合作提供依据。合肥市科技局开展了“长江中游城市群省会城市高新技术产业发展与合作研究”，分析四省会城市高新技术产业合作的基础条件、主要领域、空间布局、体制机制和主要措施，提出了相关产业政策建议，同时开展了《长江中游城市群四省会城市新能源汽车合作发展研究》，在产业布局、合作潜力、产业链条等方面进行分析，提出加强四省会城市在充电基础设施互联互通建设、公共领域新能源汽车推广、公务车商业模式等方面合作的建议。武汉市科技局围绕加强“区域一体化、市场一体化”的核心内容开展宏观战略研究与合作，为四省会城市科技合作打下更加牢固的基础。

4.3.2 推进科技项目评审评估和科技奖励评审合作①

各市科技局强化科技计划项目的评审与评估、科技奖励工作的合作，积极开展异地评审工作，有力保证了项目评审的资源共享和公平公正。武汉市科技局 2015 ~2020 年对拟立项前置科技计划项目邀请了长沙等四城市的专家进行评审，聘请专家 1665 人次对 12388 个项目进行了评审；委托南昌市科技信息中心组织专家对 2015 ~2018 年武汉市科技进步奖励申报项目进行网络在线评审。合肥市科技局 2015 ~2018 年委托武汉市科技局开展科技进步奖异地评审工作，武汉市科技局组织了武汉大学、华中科技大学等高校院所专家进行评审。南昌市科技局 2015 年度科技进步奖 66 个项目、2016 年度科技进步奖 69 个项目的异地初评，分别委托长沙市科技局和武汉市科技局协助组织实施。长沙市科技局推荐 10 余位有关领域的专家参与了南昌市 2015 年科技计划项目立项评审工作。2018 年 1 月，合肥市科技部门带领肥西县、蜀山区科技部门赴长沙调研科技成果转化、高新技术产业发展等情况；2019 年 4 月，合肥市相关科技部门赴武汉学习孵化器建设与发展经验；2019 年 7 月，武汉市科技部门来合肥市调研稳态强磁场、同步辐射光源等重大科技设施。2020 年，合肥、南昌、武汉、长沙四省会城市还在科技项目管理等方面开展了多项合作，邀请异地专家开展项目论证或评审。

---

① 本部分数据根据《长江中游城市群区域科技联席会议会议纪要（2015—2020）》整理。

4.3.3 深化四省会城市科技成果转化合作①

四省会城市积极组织相关高等院校、科研院所和企业参会参加各城市科技展会，促进四省会城市技术转移、人才流动和成果转化。2015 年 11 月，武汉市举办的“中国光谷”国际光电子博览会暨论坛平台，展示规模进一步扩大，展示内容更加集中，四省会城市积极参与，组织 63 家公司的 100 多个项目参加了展出。应 2015 中国（长沙）科技成果转化交易会组委会的邀请，武汉、长沙、合肥、南昌组团参加了 2015 中国（长沙）科技成果转化交易会，促进了交流合作，2015 年 12 月，长沙市举行中国（长沙）科技成果转化交易会“走出去”——“长沙—武汉高校、科研院所产学研对接活动”，为长沙市 46 家科技企业与武汉市部分高校产学研合作架起了项目对接与技术合作的桥梁。2016 年 10 月 12 日举办的 2016 年全国双创活动周合肥分会场，邀请武汉市“OUV 创客星”参展，促进武汉、合肥科技人才资源结合转化为科技产业。在 2017 年 11 月 30 日召开的长江中游城市群第五届科技合作联席会议上，武汉、长沙、合肥、南昌、黄石、岳阳、九江、安庆 8 个城市成立科技成果转化联盟，以建立创新平台共享机制，促进科技成果的转化，共同打造经济发展新增长极。2019 年 12 月 4 日，长江中游城市群省会城市第七届会商会在合肥召开，当天下午，长江中游城市群新型研发机构战略联盟正式揭牌。依托该联盟，四市还将加强科技成果常态化对接，组织开展新型研发机构优势专业与地方重点产业对接会，遴选一批成果进行项目路演，与企业方、资金方对接，推动科技成果的落地转化。引进天使投资、创投机构，为成果转化企业孵化提供金融支持。

4.3.4 促进科技资源相互开放和共享

从 2013 年开始，四省会城市科技局门户网站顺利连通，逐步实现四省会城市专家库共享。为加强长江中游城市群区域合作，2016 年合肥市自主创新政策借转补项目中增加了支持合肥市企事业单位与长江经济带高校、科研院

① 本部分数据根据《长江中游城市群区域科技联席会议会议纪要（2015—2020）》整理。

所、技术领先企业开展产学研合作，择优给予研发项目支持。武汉市 2013 年出台的《武汉地区重点实验室向企业及社会开放补贴奖励办法》，明确了市科技局对提供专业技术服务的重点实验室实施按比例补贴和奖励的标准，对为本市及长江中游城市群其他三个省会城市（长沙、合肥、南昌）的企业和社会提供专业技术服务时，按照提交市科技局备案的指导价格下浮 20% 收费，下浮部分由市科技局给予补贴。同时，在补贴的基础上，按照重点实验室提供的专业技术服务实际收入的 10% 给予奖励，积极推进国家实验室、国家重点实验室等科技资源的开放共享。2019 年 12 月 4 日，长江中游城市群新型研发机构战略联盟正式揭牌。武汉、长沙、南昌及合肥将充分发挥联盟合作平台效应，支持新型研发机构之间互派人员、互设机构、协同发展。此外，长江中游城市群省会城市大型仪器设备共享子平台也正式启动上线，助力实现跨区域仪器资源共享。该平台整合了长沙、武汉、合肥、南昌四市的科研仪器检测服务，专家资源等信息，将能为政府、高校、科研院所、企业及创新团队提供大型仪器设备信息查询预约交易、服务成果共享、信息交流等服务，实现跨区域仪器资源共享，打通信息通道，推行公开透明服务，降低交易成本。

4.3.5 推进跨区域技术创新联盟建设

积极推进跨区域的技术创新联盟建设，成立跨区域技术创新联盟可有效提升四省会城市的产业核心竞争力，降低四省会城市的科学技术创新的成本，实现四省会城市的产业发展关键技术和共性技术难题的突破。四省会城市积极协同开展建立跨区域技术创新联盟调研对接，围绕四省会城市战略性新型产业和传统优势产业的现状和特色，提出具体的、操作性强的建设发展思路，并推进组建工作的落实。南昌市农科院经作所与武汉市农科院蔬菜研究所合作，于 2016 年 4 月 20 日在武汉市成立了长江中游城市群农业科技创新联盟（包括武汉、南昌、长江、合肥农科院），进入全面战略合作阶段，开展蔬菜育种技术和种质资源合作，在蔬菜新品种选育科研工作开展联合攻关，取得了一定成效。2021 年 7 月 9 日，四省会城市在长沙召开“长江中游城市群科技服务业发展论坛暨长江中游城市群科技服务联盟成立大会”，鄂湘赣三省共同成立了“长江中游城市群科技服务联盟”。该联盟由长江中游城市群综合科技服务平台研发与应用示范项目组发起，联合长江中游城市群从事科技服务的机构、企业及其他科技服务创新主体共同组成。联盟主要聚焦推动信息和资源共建共享、建立运行管理长效机制、开展产业科技创新服务、构建高端科技服务业高端交流研讨平台、促进联盟内部共享合作五大方面，立足三省科技资源、产业基础和发展需求，实现科技资源共享、优势互补、协同创新、合作共赢，共同打造长江中游城市群协同创新共同体。

第 5 章

“中三角”区域科技合作的体制机制

2012 年以来，长江中游城市群在世界经济重心转移的大环境下，充分利用区域内的科技资源与技术优势，协调各方力量，以科技合作与创新为手段，不断开拓技术市场，促进科技合作成果转化，在总结合作经验和深入分析长江中游城市群合作现状问题的基础上大胆实践，从科技创新的动力和科技成果的转化两个方面，逐步构建和形成了长江中游城市群跨区域科技合作机制体系，不断提升区域创新能力，真正使得科技创新与合作支撑经济社会可持续发展，驱动长江中游城市群高质量的经济发展之路。

5.1　政府间跨部门协调机制

政府间跨部门协调机制是指中央政府与省级政府、省级政府间、省会城市政府间、省直科技部门间、省会城市科技部门间所建立的制度安排。中央政府作为国家最高的行政机构，在长江中游城市群跨区域科技合作发展中给予政策、资金和人才等支持。鄂湘赣三省政府作为跨区域科技合作的决策部门，牵头制定跨区域科技合作方向、合作领域、合作目标、合作原则等重大事项，负责跨区域科技合作的全面统筹。省会城市政府、省直科技部门及省会城市科技局作为跨区域科技合作的协调部门，对一些具体的科技项目合作关系进行协调，以确保科技合作的有序进行。长江中游城市群跨区域科技合作政府层面协调机制见表 5－1。

表 5-1　　　　长江中游城市群跨区域科技合作政府层面协调机制

政府层级	政府间跨部门协调机制
中央政府	组织长江经济带、中部崛起、长江中游城市群建设专题协调会，出台相关发展规划、指导意见、支持措施等
省级政府	建立省际联席会议制度，鄂湘赣三省党政主要领导轮流作为召集人，每年定期召开一次省际联席会议。同时，三省建立区域合作领导小组制度、三省部门联席会议制度、信息互通和情况通报制度
省会城市政府	建立每年一次的固定会商制度，已召开七届省会城市会商会议，并依次签订了《武汉共识》《长沙宣言》《合肥纲要》《南昌行动》《合作行动计划（2017—2020）》《长江中游城市群省会城市高质量协同发展行动方案》等具有紧密联系的纲领性文件
省直科技部门	建立中三角区域科技联席会议制度，由三省科技厅轮流支持，每年举行一次。联席会议设联络办公室，联络办公室实行轮值制，首期设在湖北省科技厅
省会城市科技部门	每年轮流在省会城市召开一次科技合作联席会议，已开展了 7 次省会城市科技合作联席会议，并分别形成了第一届至第七届科技合作联席会会议纪要等文件

近年来，长江中游城市群所在的鄂湘赣三省政府及科技管理部门在跨区域科技合作的政策完善、组织协调、引导推进以及服务保障等方面发挥着重要作用，加强跨区域科技合作是政府科技管理的重要内容。政府间组织协调机制更多适用在区域核心利益协调领域，包括协同建立区域间的财税政策、投融资政策、法律规章制度等。在财税政策方面，政府通过创新财政体制，建立财税利益协调机制，制定统一的税收政策执行标准，营造公平、法制、高效的税收环境，增强区域的税收实力和竞争力。在投融资政策方面，政府引导创新型企业进行股债融资、资产重组，创新金融产品，设立合作与发展促进基金，调动资本与市场的力量，增强投融资政策效应。在法律规章制度方面，建立统一的立法协调会议制度，相互听证，促进区域立法协作，增强法制协调。

一是政府顶层设计、引导协调及推进机制初步形成。根据前文所述，长江中游城市群跨区域科技合作从国家层面到省级层面再到省会层面以及省直、市直科技部门，从最高的顶层设计到协调推进再到最终的执行实践，诠释了政府间组织协调关系。

二是协调联络组织已经设立。为了加强长江中游城市群跨区域合作的组织领导，省会城市政府确定建立科技合作联席会议办公室，办公室设有主任和副主任，分别由四市科技局局长和分管局长担任，办公室成员则由四市科技局相

关处室负责人组成。主要职责是贯彻落实“合作协议”，讨论决定年度科技合作的具体事项，推进跨区域科技合作深入发展。按照会议制度，各市每年轮流举办一次联席会议。联席会议办公室下设科技合作联络组，作为区域科技合作的执行部门，负责落实区域科技合作项目的具体执行。联络组组长由科技合作联席会议办公室主任单位的分管局长兼任，成员由相关责任处室负责人组成。根据科技合作需要，联络组可多次举行相关会议，协调解决具体问题，推进合作事项取得实质性进展。

三是“利益共享、合作共赢”的产业承接机制政府设计效果初显。跨地区投资与产业转移利益分享是产业分工协作模式建构和形成的内在动因。近年来，鄂湘赣省会城市政府鼓励企业以市场为导向，发展具有核心竞争力的大型企业集团，初步设计和部分形成了产业分工协作模式，提升长江中游城市群在汽车、钢材、石化、光电子等支柱产业上的国际竞争力，避免同质竞争。明确长江中游城市群发展定位，推动城市群内各城市间根据自身优势建立自己的核心产业，湖北省重点发展钢铁和装备制造业，湖南省在工程机械和新材料制造业方面大有作为，江西省重点发展光电光伏和电子信息制造业，促进区域内产业的协调发展和产业集群的形成。

四是跨区域投资和联合发展推动取得初步进展。近年来，长江中游城市群政府科技管理部门在当地省政府的领导下，出台措施鼓励本地企业围绕食品、汽车、化工、装备制造、电子信息、旅游等行业跨区域投资、联合发展和并购重组，推动各中小企业强强联合形成一批大企业集团，地区间可根据并购或重组企业各自的资产规模和盈利能力，签订财税利益分成协议，实现企业并购重组成果共享，引导生产要素合理流动；通过采用扶持共建、托管建设、股份合作、产业招商等方式，建立城市群产业园区共建联盟合作模式。

五是产业集群发展成果初现。长江中游城市群省会城市政府及科技管理部门充分发挥区域内科技教育资源密集的优势，建立和完善产学研企合作平台，承接沿海城市和国际先进产业，在梯度转移过程中进行产业优化升级，依托国家级高新区以及高新技术和现代服务业产业化基地，形成先进制造、电子信息和生产性服务业等优势产业，提升城市群的产业辐射能力和产业集聚的规模效益。

5.2 政产学研协同创新机制

政产学研协同创新机制是指在政府、企业、高等院校、科研院所之间建立的科技合作制度，旨在促进四者组成的创新合作系统之间的良性合作关系，充分凸显四者的比较优势，通过相互配合，真正形成将科技成果转化为现实生产力的创新系统，从而促进教育、科技与经济的有效结合。政产学研协同创新机制更多聚焦创新合作主体在产业发展通道的打通上，尤其在共性技术方面，产业的发展单靠一个主体是无法支撑的，需要集政府、企业、高等院校、科研院所的优势于一身，通过提供技术、人才、设施、制度保障等全方位服务来破除产业发展的障碍。

加强政产学研协同创新机制建设是科技合作“四轮驱动”的强大动力，有利于企业转型升级，有利于高效改革创新，有利于科研机构重视需求促进科研成果转换为生产力，更有利于企业高校科研机构优势互补实现共赢。长江中游城市群省会城市作为我国重要的科教基地，科教资源丰富，长期以来，省会城市在科教资源微观层面一直保持着良好的交流合作关系。

一是政府协调机制稳步推进。长江中游城市群省会城市政府部门推进政府管理部门、企业、高校、科研院所等参与主体的协调和配合，是建立政产学研协同创新机制的重要外部动力。近年来，四省会城市签订了一系列科技合作协议，并不断完善相关政策与具体措施，逐步规范协同创新顶层设计机制，在各方面各个层次建立起开放性的科学合作机制，逐步形成政产学研协同创新机制。

二是产业共性技术研发推进机制取得一定成效。省会城市积极支持各市主导产业进一步做大做强，优化投资环境，减少审批环节，鼓励企业间跨区域投资和联合发展，推进产业共性技术的研发，大力推进产业共性技术研发合作机制的形成，提高科技创新能力水平。近年来，长江中游城市群利用各地龙头产业优势，比如长沙的机械产业、南昌的航空业、武汉的光纤光缆产业，已经逐步开始联合在工程机械、汽车及零部件、家电等产业领域组建一批共性产业联盟，推进装备制造、汽车、家电、钢铁等产业链和产业集群发展，联合推动了节能环保、新一代信息技术、光电子、航空航天、生物、高端装备制造、新能源、新材料、新能源汽车产业等战略性新兴产业的发展，鼓励企业跨区域参与异地工业和特色产业园区的开发。

三是推进跨区域技术创新联盟机制取得进展。近年来，长江中游城市群区域内产学研部门机构大力加强科技基础设施领域的合作，完善四省会城市高校科研院所及企业等已有科技基础平台的共享共用机制，共建科技创新基础平台，满足区域创新需求，从而提高区域科技创新资源利用率；进一步联合对高校科研院所及企业等现有的大型科学仪器、设备、设施等进行整合、重组与优化，逐步开放一些实验平台，全力推进跨区域技术创新联盟。

四是培育科技创新“容器”初显。近年来，四省会城市科技合作及市场参与主体，以科技市场为基础，逐步加强产业创新合作，共筑产业创新发展新优势；推进自主创新示范区合作，协同发展战略性新兴产业，在长江中游城市群区域内已展开政产学研创新实践。建立了“中三角地区水资源安全保障协同创新中心”和“杂交水稻国家重点实验室”等合作创新平台，湖北省政府与中国南车的政企合作，政校合作有湖南大学与萍乡市共建的校市技术合作平台、华中农业大学与江西省共建的“农作物品种研究试验站”试验基地等，这些都取得了良好效果。

5.3 科技创新协同服务机制

科技创新协同服务机制是指科技服务机构根据市场创新需求来优化资源配置、促进科技成果转化等过程的制度安排。现代科技服务业是构建协同创新机制的重要环节，对科技创新具有重大的牵引作用。科技创新协同服务机制更多适用于科技合作与创新过程中的资源配置与优化，科技合作创新成果的顺利转化，搞好创新驱动战略离不开科技研发的原生力和科技成果的转化力。由于“中三角”区域内很多科技企业的创新需求比较模糊，拥有技术的供给方与渴望技术的需求方无法实现有效对接。这就需要科技主管部门通过培育壮大科技服务业来充分挖掘创新需求，推动创新供需匹配，通过市场需求来整合创新资源，形成“中三角”省会城市科技服务业合作机制常态化。

一是甄选科技服务机构取得较大进展。2018 年 6 月伊始，长江中游城市群科技管理部门通过发动、征集、评选、辅导等环节，由湘赣鄂皖四省专家组评审确定华中电力科技开发有限公司等 160 家科技服务机构作为首批平台入驻机构，确定东风设计研究院有限公司等 43 家科技服务机构提交的案例入编《长江中游城市群省会城市科技服务经典案例集》。

二是建立科技服务资源共享平台已经达成共识。2018 年 9 月，在第六届科技合作联席会上，长江中游城市群各科技局主要领导就科技服务业推动科技合作问题达成了共识，会上签订了《长江中游城市群省会城市共建科技服务资源共享平台合作协议》，根据顶层设计要求，共享平台的建设和运维采取“政府主导、牵头机构建设、专门机构运维”模式，着力培育城市群科技服务大市场，加快科技信息整合与服务一体化建设，通过大数据管理、云计算、物联网、社交网络等最新技术成果的运用，不断深化科技服务协同机制的发展，提升科技服务业对科技创新和产业发展的支撑能力。

三是互通共享的成果转化平台初步建立。为了进一步推动长江中游城市群四省会城市科技成果转化，建立知识产权协同保护机制，长江中游城市群各政府及科技管理部门不断加强知识产权保护合作，取得较大成效。2017 年 11 月，包括武汉、长沙、合肥、南昌、黄石、岳阳、九江、安庆等在内的长江中游城市群 8 个城市率先在武汉建立科技成果转化联盟，以此来促进科技成果的转化，拓展产业合作新空间，建立创新平台共享机制。

四是科技创新人才吸引培养机制基本养成。长江中游城市群科技管理部门积极支持和参与在四省会城市举办的技术人才对接及科技会展活动。根据四省会城市技术人才对接与科技品牌展会的具体安排，优先组织所在城市的相关高等院校、科研院所和企业参会参展，密切区域间相互联系，促进四省会城市技术转移、人才流动和成果转化。

5.4　科技资源信息共享机制

科技资源信息共享机制是指为促进科技资源在长江中游城市群之间充分自由流动，提高科技资源利用率，达到科技资源效益最大化而形成的制度安排。

科技资源信息共享机制通过建立城市间科学技术互通平台，加快科技成果转化，增强城市合作内生动力。科技资源信息的整合共享和高效利用，已成为加强创新能力建设的迫切需要，是科技合作与创新内在实质的强大动力，也是科技创新与合作的基础平台条件，归根结底是科技合作利益机制的具体体现。从 2013 年“武汉共识”提出“打造中三角、挺进第四极”至今，长江中游城市群科技合作内容不断丰富、程度不断深入、合作不断升级，尤其在科技资源共享机制的建立和运行方面，迈出了坚实步伐。通过近几年的共同努力，湘鄂赣皖四省会城市已初步形成如下科技资源信息共享机制。

一是公益性科技资源共享平台建设初具规模。在 2018 年召开的长江中游城市群省会城市第六届科技合作联席会期间，武汉、长沙、南昌、合肥四省会城市共同签署了《长江中游城市群省会城市共建科技服务资源共享平台合作协议》，打破行政区划束缚和体制机制瓶颈，扎实推进科技服务资源共享平台建设。其中，长沙负责建设主门户网站和科技服务机构共享子平台，武汉负责建设科技金融服务共享子平台，合肥负责建设大型仪器设备共享子平台，南昌负责建设科技信息共享子平台，平台已于 2019 年底前完成建设任务并上线运营。

二是科技资源相互开放和共享机制框架逐步形成。为了促进科技服务资源在区域间流动共享，长江中游城市群已经初步建立科研院所、高等学校和企业开放科研设施的合理运行机制，长江中游城市群已经联合四省会城市对现有企业和高校的大型科学仪器、设备、设施、自然科学资源等进行整合、重组与优化，率先相互开放重点实验室、工程技术中心、中试基地等实验平台，大力推进大型科学仪器设备、科技文献、科学数据等科技基础条件平台建设，开放四省会城市国家实验室和国家重点实验室，加快建立健全开放共享的运行服务管理模式和支持方式，为四省会城市科技合作提供便利和优惠，对平台开放提供优惠所产生的补贴和奖励费用，由开放单位所在城市的科技局给予适当补贴。加快建立了科技报告制度，对于财政资金资助的科技项目，已经规定必须提交科研过程中的重要数据、流程和进展，并依法向社会开放。

三是科技人才资源和信息联通机制基本构建。根据 2013 年 4 月长江中游城市群省会城市首届科技合作联席会形成的《长江中游城市群省会城市首届科技合作联席会会议纪要》显示，会议要求连通湘鄂赣皖四省会城市科技局门户网站，开放四省会城市科技局管理的专家库。鼓励和支持各市科技局在科技成果鉴定与验收、科技计划项目的评审与评估、科技奖励的评审中，优先在四市共享专家库中遴选专家。其中，科技成果鉴定与验收、科技计划项目评审、评估遴选其他三市专家的比例达到10%，科技奖励初评遴选其他三市专家的比例达到20%。

四是构建跨区域科技信息与服务战略对接机制雏形已现。为了进一步深化科技合作与交流，湘鄂赣皖四省会城市各方制定完善情况通报和交流学习等机制，进一步加强了区域科技合作的力量配备、信息沟通、工作联动和资源整合。2016年以来，湘鄂赣皖四省会城市有关部门加快科技信息整合与服务一体化建设，筹建采用大数据管理、云计算、物联网、社交网络等最新技术成果搭建“湘鄂赣皖科技创新综合服务平台”，建设长江中游城市群科技合作数据库，整合科技计划管理系统、科技奖励评审系统、科技成果转化征集系统、高新技术企业认定服务系统、创新型试点企业动态管理系统等，提供科技文献、科技报告、科技成果、科技数据等信息资源的共享，强化平台的信息发布、信息查询与信息交流等功能。

五是推动科技资源向企业开放。在2013年4月长江中游城市群首次科技合作联席会议上，湘鄂赣皖四省会城市就已提出要召开四省会城市节能与新能源汽车示范推广工作交流会，加快技术创新服务平台发展，学习借鉴各自在示范运营、充电设施、政策补贴、运行机制、安全管理等方面的经验与做法，探讨组建区域性节能与新能源汽车产业发展战略联盟，启动优先购买其他三市节能与新能源汽车在本地示范运行的合作。

第 6 章

“中三角”区域协同创新的现状与问题

为了解“中三角”区域协同创新的发展现状，笔者于2016年7~8月对鄱阳湖生态经济区内的瑞昌市、乐平市、高安市、九江县、湖口县、东乡县6个县（市）进行了实地调研；2017年7月对武汉城市圈内的大冶市、应城市、阳新县、红安县4个县（市）进行了实地调研；2017年8月对长株潭城市群内的浏阳市、长沙县、宁乡县、湘潭县4个县（市）进行了实地调研。调研主要采取座谈会、问卷调查、现场考察的形式进行。参加座谈会的主要有当地科技局、统计局、工业园区管委会、高新区管委会、科技类企业、科技中介、科研院所等相关部门的工作人员；座谈会主要采取填写调查问卷，围绕调研提纲自由发言的形式进行。座谈会结束后，笔者还实地考察了当地工业园区、科技类企业代表、科技创新孵化器等典型科技创新主体。通过实地调研，笔者收集了大量数据，征集了座谈会代表对科技创新体系建设存在的问题和政策建议。此外，笔者还广泛查阅了当地统计年鉴、科技创新工作总结、区域创新能力报告等文献。本章所总结的“中三角”区域协同创新的现状与问题，正是在前期课题调研的基础上形成的。

6.1 “中三角”区域协同创新的现状分析

区域科技创新体系的组成包括创新主体、创新投入、创新产出、创新环境等要素。下面从这四个方面对“中三角”区域协同创新的现状进行分析。

6.1.1 创新主体

创新主体是指参与科技创新活动的部门、组织或个人，一般包括政府、企业、科研院所、高等院校、科技中介服务机构、社会公众等多个主体。其中，企业是科技创新最重要的主体，是创新活动的主要力量；政府是科技创新资源的引导者和分配者，主要是为科技创新工作服务的；高等院校和科研院所是科技创新力量的培养者和重要参与者；科技中介服务机构主要是为政府、企业、研究机构、社会搭建合作平台。

“中三角”区域创新资源丰富，拥有数量众多的高等院校、科研院所、科技中介服务机构等创新主体。统计资料表明，截至2020年底，“中三角”区域拥有高等院校240所，其中世界一流大学建设高校5所，世界一流学科建设高校7所；在校大学生（含研究生）358.1万人，科研机构4326家，科研工作者36.23万人，其中“两院”院士163人（含柔性引进院士），常年驻地院士153人。拥有国家级高新技术产业园区22家，高新技术企业19443家，国家级科技企业孵化器116家。形成了科技创新主体结构多元化、政产学研企多个主体共同参与的区域创新格局。

从表6－1可以看到，武汉城市圈的科技创新资源最丰富，拥有的高等院校、在校大学生、科研机构、科技工作者、“两院”院士、国家级高新区、国家级孵化器等数量都是最多的。但是，武汉城市圈的科技创新资源有80%左右集中在武汉，其他8个城市的科技创新资源较为匮乏。长株潭城市群的科技创新资源拥有率排在第二位，其拥有的高新技术企业数量是“中三角”区域最多的，主要原因在于长沙、株洲、湘潭3个国家级高新区的规模都较大。从中心城市科技创新资源分布来看，长株潭三个城市较为均衡，长沙略占优势。鄱阳湖生态经济区的科技创新资源是三大城市群中最为薄弱的，虽然拥有国家级高新区的数量较多，但规模都较小，高新技术企业数量仅为武汉城市圈和长株潭城市群的一半左右。

表6－1 “中三角”区域创新主体分布情况（2020年）

创新主体类型	武汉城市圈	长株潭城市群	鄱阳湖生态经济区	合计
高等院校（所）	92	73	75	240

续表

创新主体类型	武汉城市圈	长株潭城市群	鄱阳湖生态经济区	合计
在校大学生（万人）	136.2	113.6	108.3	358.1
科研机构（家）	1796	1513	1017	4326
科研工作者（万人）	15.79	11.21	9.23	36.23
驻地“两院”院士（人）	75	73	5	153
国家高新区（家）	9	6	7	22
高新技术企业（家）	7321	7826	4296	19443
国家级孵化器（家）	54	39	23	116

资料来源：根据《武汉城市圈年鉴（2020）》《长株潭城市群发展报告年鉴（2020）》《江西统计年鉴（2020）》整理。

6.1.2 创新投入

科技创新活动离不开各类创新要素的投入，主要包括R&D机构、R&D人员、R&D经费等。2020年“中三角”区域科技创新要素投入情况见表6-2。从表6-2可以看到，2020年“中三角”区域共有R&D人员约36.23万人，按活动类型划分，基础研究人员约3.81万人，占10.5%；应用研究人员约5.68万人，占15.7%；试验发展人员约26.74万人，占73.8%。武汉城市圈的R&D人员数量和经费最多，其次是长株潭城市群，鄱阳湖生态经济区R&D人员数量和经费最少。

表6-2 “中三角”区域科技创新要素投入情况（2020年）

创新要素类型	武汉城市圈	长株潭城市群	鄱阳湖生态经济区	合计
高等院校（所）	92	73	75	240
科研机构（家）	1796	1513	1017	4326
R&D人员（万人）	15.79	11.21	9.23	36.23
R&D经费（亿元）	381.58	353.51	262.32	997.41
开展R&D项目（项）	43167	38502	14587	96256

资料来源：根据《武汉城市圈年鉴（2020）》《长株潭城市群发展报告年鉴（2020）》《江西统计年鉴（2020）》整理。

从表6-3可以看到，按活动类型划分，“中三角”区域创新活动中试验发展经费比重最大，约779.98亿元，占78.2%。按经费来源划分，企业投入资金比重最大，约706.17亿元，占70.8%；其次是政府投入资金，约272.29亿元，占27.3%。按国民经济行业划分，制造业投入经费最多，约569.52亿元，占57.1%；科学研究、技术服务和地质勘查业、教育投入经费、其他行业投入经费比例较为接近。

表6-3　“中三角”区域R&D经费投入结构分析（2020年）

分类标准	R&D经费总量（亿元）	所占比例（%）
按活动类型划分	997.41	100
基础研究经费	50.86	5.1
应用研究经费	166.57	16.7
试验发展经费	779.98	78.2
按经费来源划分	997.41	100
政府投入资金	272.29	27.3
企业投入资金	706.17	70.8
国外资金投入	7.08	0.71
其他资金投入	11.87	1.19
按国民经济行业划分	997.41	100
制造业投入经费	569.52	57.1
科学研究、技术服务和地质勘查业投入经费	177.54	17.8
教育投入经费	126.67	12.7
其他行业投入经费	123.68	12.4

资料来源：根据《武汉城市圈年鉴（2020）》《长株潭城市群发展报告年鉴（2020）》《江西统计年鉴（2020）》整理。

从表6-4可以看到，2020年“中三角”区域各类单位共开展R&D项目96256项，其中工业企业开展R&D项目16950项，占17.61%；政府所属研究机构开展R&D项目5613项，占5.83%；高等院校开展R&D项目73693项，占76.56%。可见，高等院校所开展的R&D项目最多，是科技创新最活跃的参与主体。各个创新主体R&D项目具体分布见表6-5、表6-6和表6-7。

表6-4　“中三角”区域R&D项目投入主体分析（2020年）

R&D项目类型	项目总数（项）	所占比例（%）
工业企业开展R&D项目	16950	17.61
政府所属研究机构开展R&D项目	5613	5.83

续表

R&D 项目类型	项目总数（项）	所占比例（%）
高等院校开展 R&D 项目	73693	76.56
合计	96256	100

资料来源：根据《武汉城市圈年鉴（2020）》《长株潭城市群发展报告年鉴（2020）》《江西统计年鉴（2020）》整理。

从表 6－5 来看，工业企业开展的 R&D 项目按项目技术经济目标划分的话，开发全新产品的项目数量最多，占 67.2%；技术原理研究项目数量最少，占 0.5%。说明企业的研发主要是面向市场需求，开发的全新产品往往是具有良好市场前景的项目，而技术原理的研究项目数量偏少，说明企业更重视技术的应用，忽视了技术本身的研究。按项目来源划分，企业自选的项目数量最多，占 79.1%，其他项目较少，说明企业主要依靠自身进行科技创新，这是符合国家政策导向的。按项目合作形式划分，企业独立完成的项目数量最多，占 74.8%，说明目前企业还是喜欢单打独斗，在产学研相结合方面做得还不够。

表 6－5　　工业企业开展 R&D 项目分布情况（2020 年）

分类标准	R&D 项目总数（项）	所占比例（%）
按项目技术经济目标划分	16950	100
开发全新产品的项目	11390	67.2
增加产品功能或提高性能项目	3118	18.4
减少能源消耗或提高能源使用效率项目	1034	6.1
节约原材料项目	271	1.6
提高劳动生产率项目	254	1.5
减少环境污染项目	220	1.3
技术原理研究项目	85	0.5
其他项目	578	3.4
按项目来源分	16950	100
企业自选的项目	13407	79.1
国家科技项目	1288	7.6
地方科技项目	1203	7.1
其他企业委托项目	593	3.5
其他项目	459	2.7

续表

分类标准	R&D 项目总数（项）	所占比例（%）
按项目合作形式分	16950	100
企业独立完成的项目	12678	74.8
与国内高校合作项目	2017	11.9
与国内独立研究机构合作项目	661	3.9
与境内其他企业合作项目	644	3.8
与境外机构合作项目	254	1.5
其他合作形式项目	696	4.1

资料来源：根据《武汉城市圈年鉴（2020）》《长株潭城市群发展报告年鉴（2020）》《江西统计年鉴（2020）》整理。

从表6-6、表6-7可以看出，政府所属研究机构和高等院校开展的R&D项目具有较大的相似性。按学科划分，两者的项目都主要集中在工程与技术科学领域，这也是最容易实现成果转化、获得市场经济效益的领域。按项目来源划分，来自国家和地方政府资助的科技项目数量最多，这是与企业R&D项目来源最显著的区别，说明两者的项目经费主要来源于政府财政。从项目合作形式划分，两者都是独立完成的项目数量最多，与其他单位合作完成的项目数量较少。综合表6-5、表6-6和表6-7可以发现，工业企业、政府所属研究机构和高等院校开展的R&D项目具有显著的差别，工业企业开发全新产品的项目最多，政府所属研究机构和高等院校在工程与技术科学领域开展的项目最多。从项目来源看，工业企业主要是自选项目，依靠自身经费投入；政府所属研究机构和高等院校主要是政府资助项目，依靠政府财政拨款。从项目合作形式来看，目前三者都还是以独立完成为主，产学研相结合的项目数量偏少。

表6-6　　政府所属研究机构开展R&D项目分布情况（2020年）

分类标准	R&D 项目总数（项）	所占比例（%）
按学科分	5613	100
自然科学项目	595	10.6
农业科学项目	286	5.1
医药科学项目	67	1.2
工程与技术科学项目	4592	81.8
人文与社会科学项目	73	1.3
按项目来源分	5613	100

续表

分类标准	R&D 项目总数（项）	所占比例（%）
国家科技项目	4305	76.7
地方科技项目	252	4.5
企业委托项目	78	1.4
研究机构自选项目	135	2.4
国外项目	22	0.4
其他项目	821	14.6
按项目合作形式分	5613	100
研究机构独立完成的项目	5029	89.6
与国内独立研究机构合作项目	185	3.3
与国内高校合作项目	90	1.6
其他合作形式项目	309	5.5

资料来源：根据《武汉城市圈年鉴（2020）》《长株潭城市群发展报告年鉴（2020）》《江西统计年鉴（2020）》整理。

表 6-7　高等院校开展 R&D 项目分布情况（2020 年）

分类标准	R&D 项目总数（项）	所占比例（%）
按学科分	73693	100
自然科学项目	15107	20.5
农业科学项目	4053	5.5
医药科学项目	3832	5.2
工程与技术科学项目	45026	61.1
人文与社会科学项目	5675	7.7
按项目来源分	73693	100
国家科技项目	35004	47.5
地方科技项目	30729	41.7
企业委托项目	5601	7.6
高等院校自选项目	1547	2.1
国外项目	516	0.7
其他项目	296	0.4
按项目合作形式分	73693	100
高等院校独立完成的项目	57185	77.6
与国内企业合作项目	11938	16.2
与国内独立研究机构合作项目	1768	2.4
与国内其他高校合作项目	1695	2.3
其他合作形式项目	1107	1.5

资料来源：根据《武汉城市圈年鉴（2020）》《长株潭城市群发展报告年鉴（2020）》《江西统计年鉴（2020）》整理。

6.1.3 创新产出①

科技创新产出主要包括工业企业的新产品、专利申请、科技论文和著作等。2020年“中三角”区域工业企业完成新产品产值8245.78亿元，全年实现新产品销售收入8632.06亿元，新产品销售收入占主营业务收入的比重为16.4%。全年工业企业申请专利28057件，其中发明专利9987件，占35.6%。政府所属研究机构全年共发表科技论文21339篇，出版著作412种；申请专利4310件，其中发明专利2857件，占66.3%；获得专利授权943件，其中发明专利授权486件，占51.5%。高等院校共发表科技论文217945篇，出版著作6237种；共申请专利9856件，其中发明专利6456件，占65.5%；获得专利授权5132件，其中发明专利授权2709件，占52.8%。综合计算可知，2020年“中三角”区域所有工业企业和研究机构全年完成新产品产值8245.78亿元，全年实现新产品销售收入8632.06亿元，申请专利42223件，其中发明专利19300件，占43%；获得专利授权6075件，其中发明专利授权3195件，占52.7%；发表科技论文239284篇，出版著作6649种。

6.1.4 创新环境

长江中游地区以生态环境建设和保护为前提，积极探索生态与经济协调发展的道路，进一步增强了可持续发展能力，力避走“先污染后治理”的老路。武汉城市圈和长株潭城市群都在全国较早提出建设“生态城市群”。总体而言，从武汉城市圈和“3+5”城市群的“两型”社会建设到鄱阳湖生态区的建设，都是以生态作为基础来推动经济和社会的发展，与“长三角”“珠三角”和“京津冀”比较而言，其良好的生态环境成为长江中游城市群快速发展的后发优势。

“长三角”“珠三角”“京津冀”三大城市群是我国经济发展的先进地区，但客观存在可持续发展能力不足的问题。据中国社会科学院财经战略研究院与中国社会科学出版社共同发布的《中国城市竞争力报告（2021）》中“中国城

① 本部分数据根据《湖北科技统计年鉴（2021）》《湖南科技统计年鉴（2021）》《江西科技统计年鉴（2021）》整理。

市群排行榜”显示，“长三角”“珠三角”“京津冀”的综合竞争力分别排在前三位。但在“可持续发展”这一单项指标中，“长三角”和“京津冀”的排名分别在第 11 位和第 13 位，而“珠三角”城市群当中如果除去港澳两地，则位列第 15 位，长株潭城市群和武汉城市圈分别排在第 4 位和第 8 位。[①] 武汉城市圈和长株潭城市群在“可持续发展”这一单项指标中之所以能排名靠前，主要是因为“中三角”在生态文明方面已经实施了诸多很好的措施。2007 年 12 月 14 日，武汉城市圈、长株潭城市群同时获批全国资源节约型和环境友好型（以下简称“两型”）社会建设综合配套改革试验区；2009 年 12 月 12 日，国务院批复《鄱阳湖生态经济区规划》，也明确要求建设“两型”社会。可以说，构建“两型”社会就是建设生态文明。中央在湖北湖南设立“两型”社会试验区，在江西设立生态经济区，就是要开辟生态文明“试验田”。但是，建设生态文明必须依靠科技发展。“中三角”区域要想快速发展，就应该执行协同发展的政策。

“中三角”地区在协同发展方面一直以来都有着很大的优势。从社会关系方面来看，“中三角”区域的湘鄂赣三省自古以来有着特殊深厚的历史文化渊源，经贸往来和人文交流也一直非常密切。三省的最大特色是同处长江中游地区及我国中部地区，山水相连，都具有深厚的历史文化渊源，人文地理交相辉映，文化魂脉广为传承，是中华文化发源地之一，有着天然联合基础。从地域方面来看，“中三角”区域地处长江中游地区，沿长江两岸连绵相结，三大核心城市武汉、长沙、南昌呈等边三角形分布，相互毗邻，形成一个天然的“金三角”，核心城市之间交通便利，铁路、公路和水路相互连接形成一个立体网络。京广、京九、沪昆铁路与长江黄金水道穿越其境，共同构成“井”字形交通大动脉，形成全方位、立体式的大交通网络格局，为长江中游城市群的形成和发展奠定了高等级公路主骨架。在科技发展方面，“中三角”区域现代农业优势突出，现代农业的产业化水平较高，形成了一批特色优势农业和农产品生产基地；制造业优势比较明显，长江中游城市群拥有一大批老工业基地，如武汉、黄石、长沙、株洲、湘潭、衡阳、南昌、九江、景德镇、萍乡等，制造

① 中国社会科学院财经战略研究院．中国城市竞争力报告（2021）［M］．北京：中国社会科学出版社，2021.

业基础雄厚，特色和优势突出；高新技术优势凸显，长江中游城市群拥有武汉、南昌、长沙和株洲等22个国家级高新区，高新技术企业发展势头迅猛。

6.2 “中三角”区域协同创新的主要特点

在“中三角”发展战略的推动下，武汉城市圈与长株潭城市群、鄱阳湖生态经济区的区域协同创新与国内外典型城市群之间的协同创新相比，存在着一些相似方面，但同时也存在着某些的差异。总的说来，具有以下四个特征。

6.2.1 协同创新的多层次化

在“中三角”发展战略的推动下，武汉城市圈与长株潭城市群、鄱阳湖生态经济区之间协同创新最大的特点就是城市群之间的合作。不管是荷兰的兰斯塔德还是国内长三角、珠三角以及京津冀三大区域，它们城市群的构成单体都是城市个体，城市群的形成都是所在区域城市个体之间的不断融合与发展。而作为“中三角”的长江中游城市群则相当于一个城市集群，它的构成主体是三个国家级的城市群——武汉城市圈、长株潭城市群、鄱阳湖生态经济区，所以“中三角”的区域一体化是“群群合作”，而不仅仅是“城城合作”，是比城市个体组建城市群更为高级化的区域合作范畴，表现为合作形式的多层次化。在“中三角”打造过程中，既有最大层面的武汉城市圈、长株潭城市群以及鄱阳湖生态经济区三大城市群之间共建“中三角”的区域合作，也有三大城市群各自内部区域融合，还有诸如“汉长昌”三大极点城市的区域中心辐射，更有“咸岳九”三市“小三角”示范区域打造，再就是周边城市之间的合作及交流。多层次特征决定了区域协调主体机构也存在一定的差异性，协调的难易程度也存在不同，一般来说，越大的区域组织协调，协调难度也越大，见表6－8。

表6－8　“中三角”区域科技创新体系协同发展的层次性

协同发展层次	层次范围	行政及协调主体	协调难易程度
第一层次	武汉城市圈、长株潭城市群、鄱阳湖生态经济区之间的协同发展	国家及省级层面机构	较难

 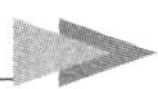

续表

协同发展层次	层次范围	行政及协调主体	协调难易程度
第二层次	武汉城市圈、长株潭城市群、鄱阳湖生态经济区各自内部的协同发展	湘鄂赣三省内部机构	较容易
第三层次	“汉长昌”极点城市合作	武汉、长沙、南昌三大极点城市政府	容易
第四层次	“咸岳九”“小三角”合作	咸宁、岳阳、九江三市政府	容易
第五层次	黄石、黄冈、九江、常德等周边城市间合作	周边城市政府	容易

6.2.2 发展空间的多极中心

城市群在其演化过程中，中心城市的数量并不是固定的，有的是单核中心或双核中心，有的则是多极核中心，中心城市的多少，直接影响着城市群的组织架构和城市的功能定位，对城市群的一体化进程产生作用。单核或双核结构在城市群发展的萌芽阶段一般有利于发挥集聚作用，但随着城市群的不断向前发展，内部的一体化程度不断提升，城市之间的功能定位和职能分工越来越清晰，存在着向多极核中心延伸的趋势，而多极中心的发展是城市群进一步扩展和稳定发展的结果。例如我国的长三角，最初的发展核心就是上海，现在周边的南京、杭州、苏州、宁波等城市的综合实力已经不可小觑，成为支撑长三角壮大发展的坚实力量。荷兰的兰斯塔德城市群则是由阿姆斯特丹、鹿特丹、海牙和乌得勒支 4 个荷兰最大的城市组成的多中心的城市网络系统，是区域合作的成功范例。

从“中三角”的区域范围进行分析，武汉、长沙、南昌三大城市作为湖北、湖南、江西三省的政治、经济、科技、文化、社会中心，是武汉城市圈、长株潭城市群以及鄱阳湖生态经济区的核心城市。在整个“中三角”内，三大极点城市成“品”字分布，空间距离适宜，极点城市相互作用，发挥经济辐射的巨大作用，带动咸宁、黄石、岳阳、九江等周边地区的快速发展，有可能形成“三极中心、轴间适宜、结构合理、职能明确”的区域协同创新系统。

6.2.3 重新整合的共性资源

在“中三角”范围内，从禀赋和分工的角度来看，武汉城市圈与和长株潭城市群、鄱阳湖生态经济区在区域发展区位条件、自然赋条件、经济发展水平、产业结构、市场开放度等诸多方面具有较强的共性。三大城市群同处于我国中部内陆的长江中游地区，在长江及其支流边上分布着三大城市群的最为主要的城市，长江是湘鄂赣三省通江达海的最为重要的通道。长江中游三大城市群气候地理特征相似，生态环境相仿，平原地带、湖泊众多，都属于长江中下游平原的范围，是我国粮食生产的主要基地，也是我国开展生态环境保护的重点地区。经济发展水平方面，湘鄂赣三省都处于工业化中期加速阶段，在国内的经济实力属于中等。在“中三角”的合作总体框架下，三大城市圈原有的共性资源将重新整合，并形成共同的利益诉求，提升自己的话语权，并且在水平分工的基础上，实现区域资源的有效配置，集聚效应和规模效应将得以充分发挥，极大释放和激发内在增长潜力和发展活力，提升区域的综合竞争力和可持续发展能力。

6.2.4 政府主导的推动策略

国内外区域合作的实践证明，在城市群的发展演化过程中，以市场为主导的区域合作发展得相当好，而主要以政府行政力量来推进的区域合作进展缓慢。例如荷兰的兰斯塔德的成功主要在于政府协调下的市场方向，长三角和珠三角同样是这个道理，而京津冀则是政府力量为主要导向，因此在发展过程中，其发展就显得相对滞后。“中三角”起步阶段时政府主导特征明显，鄂湘赣三省各部门各机构都在全力构建新的合作框架协议，推动“中三角”向前发展。但随着“中三角”的不断发展，政府应更多地表现为沟通协调、规划对接、弥补市场失灵等方面，加快撤除区域行政壁垒，提供公共产品，打造更为完善的区域合作支持网络系统，创造更好的要素跨区域流动的外部环境，完善市场机制，使企业成为区域合作经济活动的主要力量，让市场发挥真正的职能，促进“中三角”区域合作逐步由政府主导型向市场主导型过渡。

6.3 “中三角”区域协同创新的主要问题

“两型”社会的建设是国家为了解决资源环境危机，实现人与人和谐，人

与自然和谐和可持续发展的一个重大措施。尽管“中三角”区域在协同发展方面有着先天的优势，但从整体发展来说，并没有很好体现出协同发展的效果。笔者调研发现，“中三角”区域科技创新体系在协同发展方面存在以下四个主要问题。

6.3.1 三大区域经济结构趋同现象比较明显

经济发展水平之间如果存在明显的梯度差，那么互补性就比较明显，区域合作也比较容易展开。总体来说，由于计划经济年代的分工、区域毗邻以及资源接近等原因，作为鄂湘赣三省经济最为发达、城镇化水平最高、创新能力最强、人口最为集中的地区，武汉城市圈、长株潭城市群、鄱阳湖生态经济区经济发展水平基本同处于一个阶段，产业发展上偏于重工业，产业结构存在明显的趋同特征。例如，从三省的“十三五”科技创新发展规划来看，鄂湘赣三省产业相似度达80%～90%，以撑起三省经济脊梁的千亿产业为例，在湖北，汽车、钢铁、石化、食品、机械、电子信息、纺织、电力、建材“九大金刚”相继上榜。在湖南，机械、食品、石化、有色、轻工、建材、冶金和电子信息制造“八大支柱”相继挺起。在江西，有色、钢铁、石化、食品、纺织“五朵金花”相继绽放。湖北、湖南、江西三省在千亿支柱产业类别上，省际间有近半重合。而且三省具备的优势也近乎雷同——人力资源、区域环境和市场消费等，在承接沿海地区产业转移中也表现出明显的趋同与竞争，承接的项目多为电子信息、食品制造、建材等产业。三地都在抢，竞争异常激烈，都还追求小而全、大而全，上下游产业之间的横向和纵向联系还比较少，没有形成合理分工、错位发展。三省的经济发展水平接近，产业结构趋同意味着武汉城市圈与长株潭城市群、鄱阳湖生态经济区之间竞争可能性要远大于合作。

6.3.2 行政分割现象比较突出，行政区划阻碍较严重

受原有传统体制的制约，“中三角”区域的行政分割现象比较严重，城市群之间的资源整合任务繁重。虽然交通便利，但是城市群里各个城市多数还是独自发展，交流合作很少。武汉城市圈、长株潭城市群和环鄱阳湖城市群均在各自的省域范围内独立运作，协同效应弱。同时，在现行的体制下，政府要考

核政绩，地方保护主义依然存在。比如，本地市场会排斥外地产品，外地产品进入市场会有很高的进入壁垒。政府对于外地产品可能会采取提高价格，市场封闭等方法保护本地产品，阻碍生产要素的自由流动，造成市场的严重分割。造成这个现象的原因主要就是相关法律法规不健全，市场监管机制不完善。地方保护主义严重干扰了跨地区合作和生产要素的自由流动，特别是一些税收政策，比如对异地投资企业实行双重征税的政策，严重制约了地区优势企业的跨地区迁移或兼并、重组，阻碍了整个城市群的经济发展。

目前，由于武汉城市圈、长株潭城市群以及鄱阳湖生态经济区三大城市群隶属不同的行政主体，在区域合作过程中，特别是产业融合发展过程中很难避免因为维护自身利益而发生的冲突。从《武汉城市圈“十三五”发展规划》《湖南省“十三五”长株潭（3+5）城市群发展规划纲要》《环鄱阳湖经济圈规划（2016—2020）》来看，其产业政策重点并未充分考虑长江中游城市群建设的大环境，地区产业布局单打独斗色彩较浓。即使渊源较深的三省相邻地区优先考虑的也是对接各自省域内的产业发展规划，参与省域内区域的产业分工协作，跨省域的产业分工目前尚未有实质性的展开。

6.3.3 区域合作机制不健全，合作的广度和深度均不够

目前，长江中游城市群的区域合作机制还很不健全。就“中三角”区域三省的省会城市而言，南昌紧邻长三角、珠三角和闽东南三个经济最活跃的地区；长沙是一座以文化产业为核心的商务服务中心城市；武汉被誉为九省通衢，科教实力强大，传统工业与高新技术产业并举。三省在产业联系和产业互补性方面有所差距。从合作意愿看，近年来鄂湘赣三省高层交流开始增多，省际合作步伐日渐加快，但各城市之间尤其是跨省城际合作意愿并不是太高，区域合作的机制尚未健全。至今为止，无论是三省高层还是各城市政府、产业界和科教界等，都还没有建立相应的常态化合作平台，城市群内部缺乏稳定的沟通渠道和合作机制。

目前，武汉城市圈与长株潭城市群、鄱阳湖生态经济区的合作已经积极展开，但主要集中于湘鄂赣三省毗邻的区域范围内，如咸宁、黄冈、洪湖、岳阳、九江等市，而远离省界的部分区域积极性不高。作为经济极点的三大中心

城市武汉、长沙、南昌间的区域全方位合作也主要存在于协议框架阶段，实质性的项目还在起草筹划阶段，没有全面展开。就现有武汉城市圈、长株潭城市群以及鄱阳湖生态经济区合作的领域来看，合作的重点领域在基础设施、交通、旅游等方面，在产业方面的合作则严重滞后，只是在某些特殊细分的行业中存在合作的形式，并不具有普遍代表性，大多属于原料供应、产品加工这类比较初级的合作，还没有形成产业链条、产业集群等产业分工协作形式，产业的分工合作以及空间合理布局的道路还很漫长。

6.3.4 生态环境保护压力加大，合作顾虑较多

近年来，随着城市化进程的加快、工业化的快速推进以及城镇人口数量的增加，“中三角”区域的生态环境压力日益加大，由于“中三角”区域水资源丰富，所以生态问题重点体现在水生态、水环境问题上。生态问题产生的原因主要是政府对环境保护的力度不够大而开发过量，人们环保意识淡薄，以及对于城市群来说，各个城市之间的协调合作不够。这些因素导致水质量急剧下降，“中三角”区域的重要湖泊和湿地，比如洞庭湖、鄱阳湖等湖泊出现了不同程度的萎缩，湖泊面积减少、水质变差，水生态遭到了破坏。许多企业喜欢临江设厂，但污水净化系统不过关，导致水污染严重，而且水污染会顺着江流漂到下游区域，造成进一步污染，是一个严重的安全隐患。水环境遭到破坏是一个很严重的问题，因为水质量的好坏直接影响当地居民的饮水安全问题。水环境变差，最直接的受害者是鱼类，鱼类会大量减少，农作物也会受到影响，人类和牲畜食用了重金属污染过的水和农作物，便会危害到自身健康。

岳阳和九江两市是湘赣两省“两型”社会建设和绿色崛起的突破口和门户重地。岳阳、九江作为湘赣两省的重要的临江城市，同时也是湘赣两省重要的能源聚散地，能源化工产业异常发达。由于各地区执行环保标准的力度不同，岳阳临湘、云溪以及九江瑞昌等地化工企业的乱排放问题一直存在。对于武汉城市圈中的咸宁、黄冈、洪湖等地造成了一定的污染。因此，在区域合作的过程中，武汉城市圈中的这些城市担心如果区域合作全面展开，岳阳、九江两地势必将具有较强污染性的企业，如化工企业会迁入进来，造成当地自然生态的严重破坏。

第 7 章

"中三角"区域协同创新网络的实证分析

根据前文的现状分析，本章运用协同度测算模型对"中三角"区域科技创新体系的协同发展进行实证分析，为构建跨区域协同创新网络提供依据。首先，建立协同度测算模型、构建指标体系，对"中三角"区域科技创新体系的协同度进行测算，根据测算结果，为构建"中三角"跨区域协同创新网络提供理论依据。其次，运用成本分析法和系统动力学模型揭示"中三角"区域科技创新体系协同发展的内在机理，分解"中三角"区域科技创新体系协同发展的参量系统，找到影响协同发展的主参量和序参量。最后，为进一步研究"中三角"区域协同创新网络的时空演变规律，建立了长江中游城市群区域协同创新网络的二值矩阵，运用社会网络分析方法进行多维度分析，以更好把握其时空演变规律。

7.1 "中三角"三大子区域创新网络协同度的测算

从系统科学的角度来看，"中三角"区域科技创新体系是一个复杂系统，其复杂性主要体现在其构成要素的多元性，相互关联的动态性与多样性。单纯的定性分析不足以从总体上把握较系统的行为和功能特性。此处以"中三角"区域科技创新体系的整体协同程度为研究对象，研究其协同度的定量分析方法，在学习借鉴前人有关协同度或协调度基础上，特别是将孟庆松、韩文秀（1999，2000）在研究复合系统整体协调发展时提出的整体协调度模型创造性

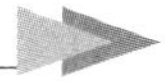

地构建了“中三角”区域科技创新体系中各子系统协同一致性程度——协同度测算模型，并应用此模型对“中三角”区域科技创新体系和武汉城市圈、长株潭城市群、鄱阳湖生态经济区三大子区域各自创新系统的协同度进行实证分析，以验证区域科技创新体系协同发展过程中信息障碍程度的差异，并考察这种差异的性质和成因。

7.1.1 测算模型的构建

此处所研究的协同是指“中三角”区域科技创新体系和武汉城市圈、长株潭城市群、鄱阳湖生态经济区三大子区域各自创新系统之间在整个系统演化过程中的和谐一致性，而协同度是这种和谐一致性程度的度量。

7.1.1.1 子系统构成分析

基于研究的需要，将中三角跨区域协同创新网络定义为 S，记为 S =（S_1，S_2，S_3），该系统包含从地理空间角度所划分的三个区域性子系统，即武汉城市圈、长株潭城市群、鄱阳湖生态经济区三个子区域创新网络。进一步地，应识别出每个子系统所包含的若干序参量，它对网络系统从无序到有序的演化起到关键影响作用。根据分析的角度和深度不同，对于不同的复合区域创新系统，其序参量的选择也应不同。对于本书来讲，“中三角”区域科技创新体系中包括了武汉城市圈的区域创新系统、长株潭城市群的区域创新系统和鄱阳湖生态经济区的区域创新系统三个子系统，其中每一个子系统中又包括了知识创造、知识获取、知识应用、创新环境、创新绩效五个评价指标。这五个评价指标是“中三角”区域科技创新体系（包括三大城市群的子创新系统）从无序演化到有序影响最大的序参量，因此，本书首先计算各子区域创新系统有序度，然后进行线性加权，求出“中三角”区域科技创新体系的整体协同度。

7.1.1.2 序参量及子系统有序度定义

定义一：序参量分量的有序度。设子系统 S_j（$j \in [1, k]$）所产生的序参量变量为 c_j =（c_{j1}，c_{j2}，…，c_{jn}），其中 $\eta_{ji} \leq c_{ji} \leq \rho_{ji}$，$i \in [1, n]$。这里的 η_{ji} 和 ρ_{ji} 分别表示系统处于稳定临界点时其序参量分量 c_{ji} 的下限与上限。系统中有两种属性的指标：一种称为正向指标，其取值越大则对有序度的正向影响也越大

（如空气质量达标率），设 c_{j1}，c_{j2}，…，c_{jk_1} 为具有该属性的一系列指标取值；另一种为负向指标，取值的大小与其对有序度的贡献成反向关系（如单位GDP能耗），设 c_{jk_1+1}，…，c_{jn}为具有这种性质的一系列指标取值。则子系统 S_j 序参量分量 c_{ji}的有序度 μ_j（c_{ji}）可通过公式（7－1）来定义或求取。由式（7－1）可知，μ_j（c_{ji}）$\in[0,1]$，μ_j（c_{ji}）的取值反映出 c_{ji}对系统有序性的影响力，且取值大小与其对系统有序性的影响程度正向相关。

$$\mu_j(c_{ji}) = \begin{cases} \dfrac{c_{ji} - \eta_{ji}}{\rho_{ji} - \eta_{ji}}, i \in [1,k_1] \\ \\ \dfrac{\rho_{ji} - c_{ji}}{\rho_{ji} - \eta_{ji}}, i \in [k_1 + 1, n] \end{cases} \tag{7-1}$$

定义二：子系统的有序度。序参量 c_j为子系统 S_j的有序发展所产生的总影响是通过对 μ_j（c_{ji}）的集成运算来测定的。集成运算的法则通常有两种：几何平均法与线性加权求和法。而后者采用得最多，其数理表达如式（7－2）所示。

$$u_j(c_j) = \sum_{i=1}^{n} \mu_i u_j(c_{ji}), \mu_i \geqslant 0, \sum_{i=1}^{n} \mu_i = 1 \tag{7-2}$$

序参量 c_j的有序度 μ_j（c_j）通过式（7－2）便可以测算出来，且 μ_j（c_j）$\in[0,1]$。进一步地，子系统 S_j的有序度可参照同样的集成运算逻辑来求取。

7.1.1.3 综合协调度测算模型的构建

基于一定的规则将子系统有序度在历史时期内的变动幅度进行集成运算，其最终结果便是对综合协调度的度量。具体地分析，将 $u_j^0(c_j)$，$j=1$，2，…，k 视作在基期 t_0时子系统的有序发展程度，而将其在当期 t_1的有序度表达为 $u_j^1(c_j)$，$j=1$，2，…，k。那么，在 t_1-t_0的历史时期内整个创新系统发展的协调性可以通过式（7－3）进行测算，并将测算的结果定义为系统综合协调度（total synergy degree，TSD）。

$$TSD = sig(\cdot) \sqrt[k]{\left| \prod_{j=1}^{k} [u_j^1(c_j) - u_j^0(c_j)] \right|} \tag{7-3}$$

式（7－3）中的参数 $sig(\cdot)$ 起到条件限制的作用。具体而言，系统的协调度要为正值就必须满足下列式（7－4）所示的条件。

$$sig(\cdot) = \begin{cases} 1, u_j^1(c_j) - u_j^0(c_j) \geq 0, & j = (1,2,\cdots,k) \\ -1, u_j^1(c_j) - u_j^0(c_j) < 0, & j = (1,2,\cdots,k) \end{cases} \tag{7-4}$$

通过式（7－3）所测算得到的系统整体协调度 $TSD \in [-1, 1]$，将其具体的取值作为中三角区域创新网络协调性的度量。

7.1.2 指标体系的设计

为有效地进行实证研究，依据上述模型的特性，考虑区域创新过程的系统特点和抓住复合系统整体性协同的关键变量（序参量），加之数据的可获得性。本书主要采用中国科技发展战略研究小组所推出的《中国区域创新能力报告》中指标体系，建立可操作性的指标体系。该报告着力于将创新能力进行量化描述；着力从区域创新系统的理论来认识各地创新的优势，并从系统性出发充分认识中国创新的区域多样性。该报告利用相对、绝对的能力数据，并结合了动态的数据，可较为全面反映了一个地区的创新能力。

“中三角”区域科技创新体系是由武汉城市圈创新系统、长株潭城市群创新系统和鄱阳湖生态经济区创新系统三个子创新系统构成，而每一个子创新系统里又包含了知识创造、知识获取、知识应用、创新环境和创新绩效五个方面的关键变量（见表 7－1）。依据《中国区域创新能力报告》的数据，确定权系数，运用上述构建的系统整体协同度测算模型，就可以计算各子系统的有序度和“中三角”区域科技创新体系整体的协同度。需要说明的是，计量权系数时，本书采用 GDP 的指标计算，如武汉城市圈创新系统的权系数等于武汉城市圈 GDP 总量除以中三角的 GDP 总量。

表 7－1　“中三角”区域科技创新体系整体协同度指标体系

子区域	序参量	评价指标
武汉城市圈 长株潭城市群 鄱阳湖生态经济区	知识创造	研发投入
		专利
		科研论文
		投入产出效率指标
	知识获取	技术合作
		技术转移
		外国直接投资

续表

子区域	序参量	评价指标
武汉城市圈 长株潭城市群 鄱阳湖生态经济区	知识应用	大中型企业研发投入
		设计能力
		制造和生产能力
		创新产出
	创新环境	创新基础设施
		市场需求
		劳动者素质
		金融环境
		创业水平
	创新绩效	宏观经济
		产业结构
		产业国际竞争力
		居民收入水平
		就业

7.1.3 测算结果的分析

利用上述复合创新系统整体协同度测算模型和指标体系，本书着重以“中三角”区域科技创新体系为例，对其区域创新过程中各子创新系统、子创新系统间及整体系统演化过程中系统协同度进行实证分析。根据“中三角”区域科技创新体系的演化的模式和特征，分别确定“中三角”区域科技创新体系及其子创新系统的序参量及其取值范围，依照中国科技发展战略研究小组出版的《中国区域创新能力报告》的相关数据，分别计算系统序参量有序度和系统有序度，并计算以 2010 年为基础的中三角区域创新系统整体协同度。表 7－2 至表 7－4 分别列出了 2012～2020 年武汉城市圈、长株潭城市群、鄱阳湖生态经济区的科技创新体系序参量计算结果。

结合表 7－2 数据和图 7－1 的趋势可以看到，武汉城市圈科技创新体系五个序参量的协同度均呈逐年上升的趋势，说明武汉城市圈的科技创新一体化进程取得了一定的成效。从五个序参量的协同度来看，每年都是创新绩效的协同

度最高，其次是知识应用，知识创造的协同度最低，说明武汉城市圈内的知识创造和自由流动、共享机制等还存在一定的障碍。

表 7-2　　2012～2020 年武汉城市圈科技创新体系序参量

年份	知识创造	知识获取	知识应用	创新环境	创新绩效
2012	45.87	55.66	67.36	58.32	70.57
2013	47.32	57.67	70.32	59.36	72.25
2014	56.22	59.73	72.41	61.23	74.62
2015	59.23	61.35	75.31	63.31	76.68
2016	62.26	64.32	77.69	66.52	78.35
2017	65.32	66.71	79.58	68.93	81.07
2018	67.12	69.08	82.07	71.23	83.63
2019	70.64	73.45	84.91	75.86	86.39
2020	73.81	75.67	86.35	77.03	88.08

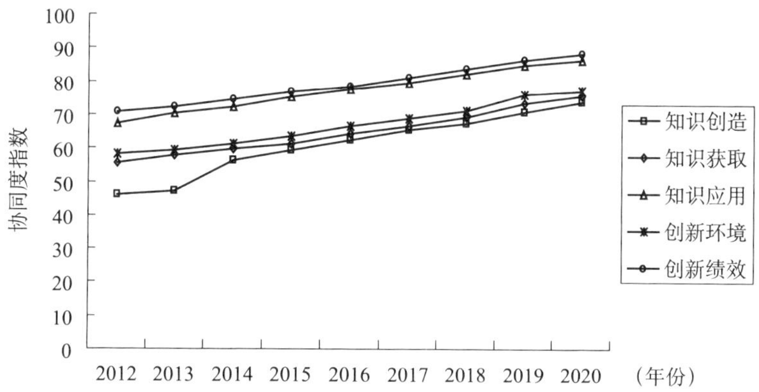

图 7-1　2012～2020 年武汉城市圈科技创新体系序参量协同度趋势

结合表 7-3 数据和图 7-2 的趋势可以看到，长株潭城市群科技创新体系五个序参量的协同度均呈逐年上升的趋势，且序参量之间的差距较小，说明长株潭城市群的科技创新一体化进程取得了一定的成效。从五个序参量的协同度来看，每年都是创新绩效的协同度最高，其次是知识应用，知识创造的协同度最低，说明长株潭城市群内的知识创造和自由流动、共享机制等还存在一定的障碍。

表 7-3　　2012～2020 年长株潭城市群科技创新体系序参量

年份	知识创造	知识获取	知识应用	创新环境	创新绩效
2012	46.52	56.78	68.69	59.28	71.39
2013	48.78	58.92	71.24	60.63	73.52
2014	57.23	60.36	73.14	62.33	75.18
2015	60.61	62.53	76.38	64.42	77.63
2016	63.58	65.92	78.66	67.54	79.71
2017	66.77	67.84	80.07	69.33	82.12
2018	68.22	70.11	83.12	72.34	84.66
2019	71.25	74.35	85.19	76.38	87.29
2020	74.85	76.62	87.65	78.13	90.12

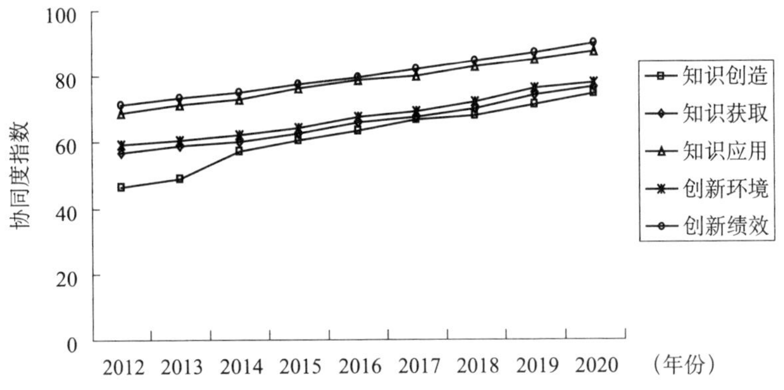

图 7-2　2012～2020 年长株潭城市群科技创新体系序参量协同度趋势

结合表 7-4 数据和图 7-3 的趋势可以看到，鄱阳湖生态经济区科技创新体系五个序参量的协同度均呈逐年上升的趋势，说明鄱阳湖生态经济区的科技创新一体化进程取得了一定的成效。从五个序参量的协同度来看，每年都是创新绩效的协同度最高，其次是知识应用，知识创造的协同度最低，说明鄱阳湖生态经济区内的知识创造和自由流动、共享机制等还存在一定的障碍。

表 7-4　　2012～2020 年鄱阳湖生态经济区科技创新体系序参量

年份	知识创造	知识获取	知识应用	创新环境	创新绩效
2012	35.32	41.52	45.36	44.23	51.68

续表

年份	知识创造	知识获取	知识应用	创新环境	创新绩效
2013	38.25	45.26	47.23	46.65	54.12
2014	41.26	47.37	49.24	48.26	56.76
2015	46.58	51.56	55.62	53.67	58.56
2016	51.82	55.83	58.67	57.85	60.62
2017	55.63	59.78	62.43	60.86	64.37
2018	59.61	63.82	66.52	64.37	69.17
2019	63.24	67.18	70.22	68.55	73.28
2020	65.62	69.28	73.56	71.38	76.52

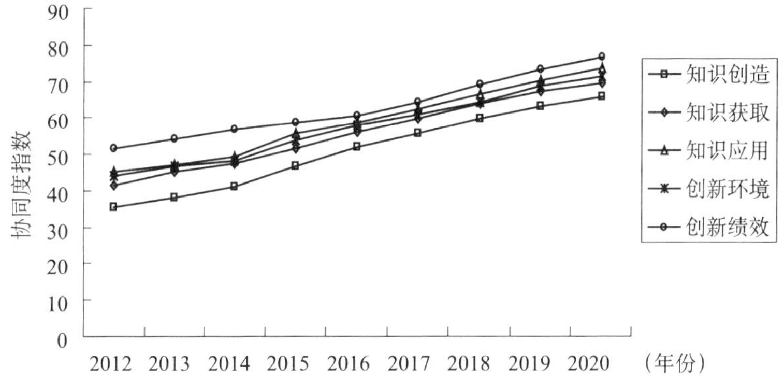

图 7-3　2012～2020 年鄱阳湖生态经济区科技创新体系序参量协同度趋势

结合表 7-2 至表 7-4、图 7-1 至图 7-3 的数据和趋势特征可以发现，2012～2020 年，“中三角”区域内科技创新体系协同度最高的都是长株潭城市群，且其群内城市间科技创新体系协同度的差距最小，说明其科技创新一体化程度是最高的。其次是武汉城市圈，最低的是鄱阳湖生态经济区，由此可见，当前武汉城市圈和长株潭城市群科技创新体系的协同发展具有较好的基础，而鄱阳湖生态经济区科技创新体系的协同发展则存在较大的障碍。以上结果反映的是三大城市群内部区域创新协同度的变化轨迹，为了反映三大城市群之间即“中三角”跨区域创新协同度的变化情况，此次以 2011～2020 年的相关指标数据，运用协同度测算模型进行了测算，结果见表 7-5。

表 7－5　以 2010 年为基期的“中三角”区域科技创新体系整体协同度

年份	基于几何平均法的协同度	基于线性加权法的协同度
2011	0.01	0.002
2012	0.04	0.044
2013	0.23	0.152
2014	0.32	0.168
2015	0.46	0.283
2016	0.58	0.368
2017	0.63	0.456
2018	0.71	0.586
2019	0.78	0.662
2020	0.86	0.758

从表 7－5 可以看到，2011～2020 年，“中三角”区域科技创新体系整体协同度在不断提高。在 2013 年之前，“中三角”三省之间尚未建立合作框架，三个城市群之间的区域科技创新体系整体协同度非常低，不足 0.1。2013～2016 年，三个城市群之间开始建立稳定的合作机制，区域协同创新整体协同度开始逐步上升，尤其是 2015 年随着三个城市群及其省会城市间科技合作不断向纵深推进，“中三角”区域科技创新体系整体协同度得到了较大幅度的提升。这四年里，“中三角”区域的各个省市在推动区域科技创新体系协同发展方面做了很多工作，这也是整体协同度不断提高的主要原因，但这些工作还远远不够，很多只是停留在政策文件和合作框架协议上，没有具体落实，实际工作中也存在较大的协同发展障碍。2017～2020 年，“中三角”区域科技创新体系整体协同度达到了较高水平，这主要受益于鄂湘赣三省的科技协同创新得到了大力推进，省级政府之间、省会城市之间、省直科技行政部门之间、省会城市科技行政部门之间开展了多层次多领域的科技合作，推动了“中三角”区域科技创新体系整体协同度的大幅提升。

7.2 “中三角”区域协同创新网络的驱动机理

7.2.1 “中三角”区域协同创新网络的内在机理

按动力来源及其形成方式不同，区域创新系统可划分为自组织与被组织两种状态。被组织系统只能依靠外界的特定指令来推动组织的形成和向有序演化，不能通过自行组织、自行创生、自行演化来达到有序状态；自组织则能在没有外界条件的特定干预下自行组织和不断演化、自发地从无序结构走向有序结构。由于自组织系统包含了许多不同要素，这些要素之间存在着差异性，要素彼此间通过相互作用、相互依存才形成了自组织系统，而系统的差异性会始终存在，自组织系统在保留合理的差异性的前提下会实现自我趋同，当自我趋同到一定的程度时就会实现系统内部各要素之间的协同，这种系统要素之间的协同作用使得系统呈现出和谐的运动状态。[①] 因此，跨区域创新系统要保持稳定而持续的自组织状态，必须走协同发展之路，通过系统内部各要素之间的协同实现整个大区域的和谐发展。就“中三角”经济区而言，其跨区域创新系统协同发展的内在机理可归纳为需求拉动、知识流动、生态共生和周期转化四个方面。

有需求才有动力，建设“中三角”经济区是促进中部崛起的战略选择。从政府需求的角度来看，打造地区竞争优势、提升综合竞争能力是每个政府的共同目标，渴望通过较低的成本来实现区域创新，因而会积极推动区域创新的发展，也是区域创新活动中重要的主体之一。但企业才是区域创新活动最重要的主体，创新是提升企业核心竞争力的源泉，并不是每个企业都有能力和条件进行创新活动的，通过建立跨区域创新系统，共建共享创新资源，可以减少中小企业创新成本，是企业提高自身竞争力的理性选择。[②] 在创新主体中，高校及科研院所是重要的生力军，“中三角”经济区内的科研力量分布不均，武汉是中部乃至全国实力雄厚的科技创新城市，长沙其次，南昌最弱，充分发挥武

① 柳卸林．区域创新系统成立的条件和建设的关键要素［J］．中国科技论坛，2003（1）：18－23.

② H. Haken. Information and Self-organization：A Macroscopic Approach to Complex Systems［M］. Berlin：Springer-Verlag，1988.

汉科研机构的辐射作用，带动其他地区的科技创新活动，也是“中三角”跨区域创新系统协同发展的目标之一。创新主体确实是区域创新系统的重要组成部分，协同发展也是为了实现创新主体的各种需求，但从动态角度看，知识的交流与互动则是推动跨区域创新系统协同发展的深层次机理。从区域知识生产与流通及其价值实现的角度来看，区域内企业间知识结构性互补是跨区域创新系统协同发展的必要条件，知识规模经济与知识范围经济的获得是创新主体协同的根本动力，区域非贸易依赖、知识的性质及其传递的时空特征会影响协同的效率，地理临近性则强化了各种协同逻辑，促进了区域协同向纵深层次推进。①

但是，这种单维的解释尚不能揭示跨区域创新系统协同发展的所有机理。需求拉动是跨区域创新系统框架的最大特点，而区域创新系统的诸要素如同生态系统中生物群落及生物个体，系统诸要素需保持同步协同才能保障整个创新系统的正常运行。因此，区域创新系统存在丰富而复杂的信息反馈回路，对系统中各个要素和环节的运行状态和结果反馈并进行自我调节。而在区域创新系统的各个阶段必定存在着一些起主导作用的创新要素簇，其中主导要素在不同阶段的转换就构成了阶段转换机理。② 从另外一个角度来看，跨区域创新系统的协同发展过程是一个基于竞争与合作机制的资源要素匹配过程，在这个过程中区域资源要素间关系是一种非线性关系，最终实现区域间各要素的交互性和同步性。从协同学与系统论思想来看，“中三角”经济区涵盖了武汉城市圈、长株潭城市群和鄱阳湖生态经济区三大城市群，属于典型的都市圈。而都市圈创新系统协同发展的内在机理是由于都市圈协同创新系统处于远离平衡状态，系统的总体目标是通过不断整合系统内的创新要素，实现都市圈协同创新的增值效应，因此当都市圈外界环境向其进行输入时，系统能够通过自身正反馈机制应对不同的环境，表现出自主性、自稳定和自协调，从而促进区域协同创新。③

---

① 张林．区域知识系统的协同研究［J］．科学学与科学技术管理，2008（3）：86－90.

② 叶建木，张艳伟．武汉城市圈两型社会科技创新体系的运行机制［J］．武汉理工大学学报，2010（2）：86－90.

③ 解学梅．都市圈协同创新机理研究：基于协同学的区域创新观［J］．科学技术哲学研究，2011（2）：95－99.

7.2.2 “中三角”区域协同创新网络的参量系统

跨区域创新系统由于涉及多个子系统，系统之间存在较多的影响因素，因此整个系统的常态是非平衡状态，也就是被组织状态，需要借助外在力量才能向自组织状态演化，这些外在因素即构成了影响跨区域创新系统协同发展的参量系统。在不同参量的影响下，跨区域创新系统不断地进行“被组织—自组织—被组织”的循环演化，从而发挥区域创新系统的促进作用。根据协同学理论，跨区域创新系统协同发展的参量系统一般包括序参量和控制参量，其中序参量是指影响系统有序的关键因素，而那些非关键因素称为控制变量。序参量是系统演化过程中起主导作用的参数，它支配着各子系统的行为；而控制参量对序参量的协同竞争具有导向作用，其变化能够促使系统达到线性失稳点，导致序参量的地位和作用发生变化，催化物质的集聚状态达到临界值，由此产生非平衡条件下的“涨落放大”效应，使系统形成有一定功能的自组织结构，并通过从无序到有序的转变机制和驱动力量的“相变”运动，促使系统从不平衡状态转变到平衡状态，支配着系统从无序到有序、从低级有序向高级有序演化。

跨区域协同创新网络一般是由市场、营销、产业、大学、科研、中介机构和政府管理部门构成的、协同的利益共同体。因此，跨区域创新系统协同发展的参量系统是个较为复杂的参量集合，但是，其中必有一个主体在整体上成为主序参量，居于主导地位，起着主导作用，可称其为核心主体，其他合作方则称为协作主体。[①] 在作为复杂经济系统的“中三角”经济区域内，也存在着影响该区域前沿科学、高新技术研究一体化协作局面的若干序参量和序参量系统，这些序参量可归纳为市场效益导向序参量、科研组织结构序参量和政策规划导向序参量三个方面。诸种序参量相互影响、竞争协同，总体实现着对宏观性态的左右。由于序参量的相互竞争，使得决策必须经过反复权衡，最终选择最为有效的复合决策方案。因此，“中三角”跨区域创新系统的协同发展，需要在对该经济区域的市场体系、科研体系、政治决策体系等社会体系内部影响

---

① 许彩侠，金恬．区域产业技术路线图制定中的协同机制研究［J］．中国科技论坛，2011（12）：38 –42.

区域创新系统协同发展的主导序参量进行深入理解后，方能获得较为全面的把握，寻找到切实有效的协作途径①，从而使协作方可以根据不同情况，通过对多种不同管制参量进行综合处理，有效地放大有利因素的影响、削减不利因素的影响，以便更好地实现“中三角”跨区域创新系统的协同发展。

序参量虽然是影响系统有序的关键因素，但那些非关键因素即控制变量也对跨区域创新系统的协同发展具有较强作用，序参量和控制参量共同决定了协同机制和协同效应。“中三角”经济区内武汉城市圈、长株潭城市群和鄱阳湖生态经济区的都市圈协同创新是都市圈内不同的创新子系统协同以及系统内各要素的相互作用，形成企业、政府、中介、研究组织某一个或多个为序参量的有序的序参量集合，由序参量集合引导都市圈创新系统向更加有序的状态演化。② 都市圈创新系统的协同机制和外界环境参量是“中三角”创新系统的控制参量，为了维持平衡态势，需要一种内在机制和外部力量促使都市圈创新系统获得正向增值。这种内在机制就是都市圈创新系统的协同机制，它来自系统内城际相互信任的关系和有效、持续的沟通和协作；而外部力量是都市圈内城际以及城市内部不断交融的创新要素流、信息流、物质流等。因此，“中三角”各子城市群以及各创新主体间需要进行协作，建立有效的合作机制，构建城际间环境要素的流畅渠道，以促进“中三角”经济区的协同创新。③

7.3 “中三角”区域协同创新网络的时空演变

在前文的基础上，为进一步研究“中三角”区域协同创新网络的时空演变规律，本书建立了长江中游城市群区域协同创新网络的二值矩阵，运用社会网络分析方法进行多维度分析，以更好把握其时空演变规律。

7.3.1 评价指标与方法

社会网络分析方法是社会学家综合图论、概率论以及几何数学等数理学科

① 蒋阳，陈建清．协同学视域：长江三角洲经济区域内的科学技术协作［J］．科技与经济，2003（6）：21－24.

② 吴悦，顾新．产学研协同创新的知识协同过程研究［J］．中国科技论坛，2012（10）：17－23.

③ 饶扬德．市场、技术及管理三维创新协同机制研究［J］．科学管理研究，2008（4）：46－49.

发展起来的一种社会学研究方法。社会网络分析能够将量化数据和关系数据相结合，探析各行动者之间所形成的复杂关系以及网络结构特征，这为其他学科领域的研究开拓了新的分析视角。

（1）整体网络分析。整体网络分析能够从整体出发有效把握网络的整体结构和特征，主要包括网络整体的密度、关联度等。网络密度（D）是指网络中实际存在的连线数量占最大可能连线数的比例，反映整体网络的紧密程度。密度越大，说明网络越紧密，各节点之间的关联性越强。假设空间网络中共有 N 个节点，实际关系数为 M 个，则网络密度 $D = M/N(N-1)$。聚类系数（CC）反映了网络中节点的相互联结程度，以表征网络的小世界特征。假设节点 V 的聚类系数为 CV，那么整体聚类系数等于各节点聚类系数的均值。[①]

（2）个体网络分析。个体网络分析反映网络中节点的中心度，能够揭示整体网络中各节点发挥的作用和所承担角色的特征及差异。个体网络分析主要包括节点的度数中心度、中介中心度和接近中心度三个维度。度数中心度通过网络中与该节点之间有联系的节点数目来衡量。如果一个节点与其他节点之间存在的联系越多，那么该节点的度数中心度和网络地位也越高。中介中心度反映了网络节点在网络中的资源控制程度。如果节点处于许多其他两两节点之间的连线上，该节点控制其他节点之间联系的能力就强，有重要的网络中介桥梁作用。接近中心度反映的是节点不受其他网络节点控制的程度。如果一个节点与网络中所有其他节点的距离都很短，该节点就具有较高的接近中心度，能够便捷地与其他节点产生联系。

（3）凝集子群分析。凝聚子群分析是一种研究网络位置的重要方法，目的是明确网络中可能存在的子群体或小团体。凝聚子群主要考察一个网络内部节点之间存在的网络关系的互惠性和密切性、节点之间的接近性和可达性、各子群内部节点的紧密度以及各子群内部相对于内外节点之间的紧密度。凝聚子群分析可以从中观层面上明晰若干节点之间的关系及形成的子群差异，分析不同子群体在整个网络中所承担的异质角色及他们之间的互动机理。

（4）评价指标。创新作为系统的输入输出过程，创新投入和产出能够有

---

① 刘军．整体网分析讲义：UCINET 软件实用指南（第二版）［M］．上海：格致出版社，2014：216－220.

效反映一个区域的创新能力和水平。鉴于数据的可获得性和相关文献做法，投入方面选取科技活动人员以表征城市的创新投入，且科技人员也是城市之间创新联系的重要载体。产出层面上，专利作为创新活动的直接成果，可以可靠地反映创新的产出能力，但是专利指标难以有效反映创新的经济效益，存在一定的局限性。因此，本书以各城市的专利授权量和高新技术产业总产值共同表征城市的创新产出水平。

（5）数据来源。根据前面表3－2的界定，下文所研究的城市主要包括武汉城市圈、长株潭城市群和鄱阳湖生态经济区三个子城市群的设区市城市及下辖县（市、区）。考虑到研究区域的连贯性，本书未考虑武汉城市圈以外的襄阳市、宜昌市、荆州市、荆门市4个设区市，且由于数据限制剔除了宜春市、萍乡市、上饶市、吉安市的部分县（区），最终以长江中游城市群20个设区市城市为研究对象。在研究期间选择上，考虑到发展阶段特征、研究需要和数据可获取性，本书以2010～2020年为研究期间，深入研究“中三角”区域协同创新网络的时空演变规律。相关数据主要通过百度地图、统计年鉴、统计公报、政府门户网站等途径获取。其中，城市间的地理距离数据来源于百度地图，是城市间的实际公路距离数据，相较于两地地理直线距离数据能更好地反映两地的真实距离。专利授权量数据来源于各省市的知识产权局网站。科技人员数量、专利授权量、高新技术产业总产值和规模以上工业总产值数据来源于2010～2020年《中国城市统计年鉴》、各设区市的年度统计公报和省市政府门户网站等。

（6）评价方法。为了有效地进行网络分析，首先需要对城市间协同创新水平的数值矩阵进行二值化处理。考虑到数据的可比性，本书借鉴李琳、彭璨的研究方法①，采取“均数原则法”，以基期的协同创新度整体均值作为截断阈值，将大于该值的赋值为1，小于该值的赋值为0，对角线均赋值为0，从而使数值矩阵转化为城市之间协同创新关系的0—1无向矩阵。将二值矩阵导入Ucinet软件，并运用Netdraw程序可以绘得直观的网络结构形态。

① 李琳，彭璨．长江中游城市群协同创新空间关联网络结构时空演变研究［J］．人文地理，2020（5）：94－102.

7.3.2 “中三角”整体网络特征及其动态演变

为方便分析和把握长江中游城市群协同创新整体网络特征及其动态演变，本书选择2010年、2015年、2020年三个时间截面，计算了整体网络的相关指数①，结果见表7-6。

表7-6 “中三角”整体网络特征及其动态演变指数

评价对象	潜力值	2010年	2015年	2020年
群内关系量	130	72	103	126
群际关系量	276	47	118	143
总关系量	406	119	221	269
网络密度	1	0.326	0.602	0.813
聚类系数	1	0.801	0.838	0.886

从表7-6可以看到，2010~2020年，在所有节点最大潜在关系量为406的条件下，实际关系量由2010年的119增加至2020年的269，整体网络密度由2010年的0.326上升至0.813，可见“中三角”区域协同创新网络的整体密度有了较大的提升，网络协同呈现较快发展的趋势。聚类系数由最初的0.801增加至0.886，表明网络联系效率和通达性都有所提高。但网络关系的内部构成结构还不均衡，仍存在较大的进步空间。其中，三大子城市群群内关系量由2010年的72上升至2020年的126，表明三大子城市群内部协同创新的进程较快，与潜在关系量130非常接近，表明群内设区市之间的协同创新效果较好。三大子城市群群际关系量由2010年的47上升至2020年的143，但相较于其最大可能关系量276的差距较大，表明三大城市群之间的协同创新虽有所进步，但略显不足。总体来看，三大子城市群的群际密度提升滞后于整体密度，表明三大子城市群群际城市间仍缺乏充分的协同创新，因此迫切需要健全创新合作机制，共同破除三大子城市群间的协同创新障碍，共同提升跨区域协同创新水平。

① 群内指武汉城市圈、长株潭城市群、鄱阳湖生态经济区三大子城市群内部，群际指三大子城市群之间。

7.3.3 “中三角”网络个体中心度及其动态演变

由于各城市在创新要素禀赋、创新能力和环境、创新活动规模等方面存在差异，同时受到地理位置、交通可达性等多方面影响，各城市节点在创新网络中会形成和表现出不同的作用和功能，承担异质性角色。个体网络特征分析能够清晰地反映各网络节点在整体网络中的地位和作用。通过测算，“中三角”区域协同创新网络中 20 个城市个体中心度及其动态演变结果如表 7－7、图 7－4 所示。

表 7－7　“中三角”网络个体中心度及其动态演变指数

节点城市	2010 年			2015 年			2020 年		
	度数中心度	接近中心度	中介中心度	度数中心度	接近中心度	中介中心度	度数中心度	接近中心度	中介中心度
武汉	83.276	84.327	28.135	92.527	93.862	13.284	100	100	8.236
黄石	42.637	60.751	3.221	68.935	74.576	1.924	83.426	85.783	1.878
黄冈	31.738	56.824	1.318	57.858	68.857	0.516	73.925	80.673	0.452
孝感	18.082	45.628	0	48.752	61.736	0.183	63.352	74.178	0.265
咸宁	18.082	45.628	0	48.752	61.736	0.183	63.352	74.178	0.265
鄂州	17.218	44.265	0	43.834	59.768	0	58.852	71.385	0.187
长沙	72.638	76.863	16.256	88.264	90.025	10.536	100	100	8.236
株洲	42.637	60.751	4.683	68.935	74.576	6.358	83.426	85.783	4.682
湘潭	42.637	60.751	4.683	68.935	74.576	5.867	83.426	85.783	3.867
岳阳	52.753	65.822	7.684	77.286	79.637	8.026	86.532	87.635	5.892
益阳	31.738	52.536	2.431	56.652	67.736	2.652	74.386	75.865	2.356
衡阳	26.538	50.632	0	50.273	65.318	1.753	68.568	73.276	1.832
常德	26.538	50.632	0	50.273	65.318	0.852	68.568	73.276	1.102
娄底	31.738	52.536	2.431	56.652	67.736	0	74.386	75.865	0
南昌	58.568	67.332	26.823	82.325	85.365	12.028	100	100	8.236
九江	28.683	54.327	0.522	70.568	76.752	5.233	88.635	89.106	5.637
新余	11.125	47.258	0	46.356	68.527	2.136	70.356	81.234	3.215
鹰潭	3.261	38.426	0	42.573	62.357	1.028	61.237	70.268	1.267
抚州	3.261	38.426	0	42.573	62.357	1.028	61.237	70.268	1.267
景德镇	11.125	47.258	0	36.836	59.623	0	48.654	51.327	0
均值	32.713	55.049	4.909	59.958	71.022	3.679	75.616	80.294	2.944

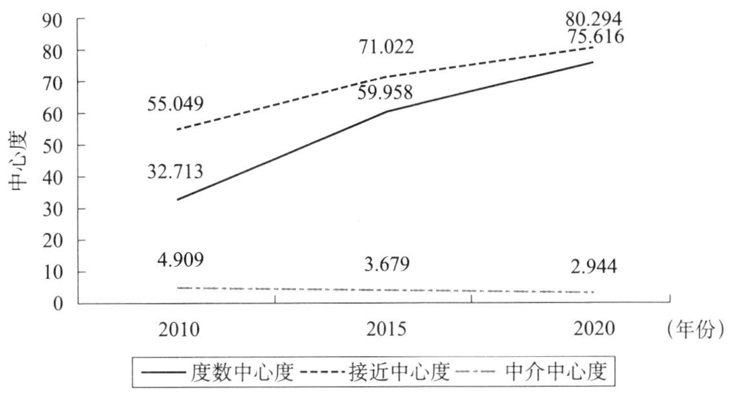

图 7－4　2010～2020 年“中三角”网络个体中心度及其动态演变趋势

从图 7－4 可以看到，2010～2020 年“中三角”区域协同创新网络中 20 个城市的度数中心度和接近中心度两个指标均值成不断上升的趋势，其中度数中心度均值由 2010 年的 32.713 上升至 2020 年的 75.616，超过当年均值的网络节点城市由 2010 年的 7 个增加到了 2020 年的 8 个，且各城市的度数中心度总体而言都有所提升，这表明越来越多的节点城市在“中三角”区域协同创新网络中的作用在不断增强。此外，武汉、长沙、南昌、黄石、株洲、湘潭和岳阳 7 市的度数中心度始终高于网络平均水平，表明这 7 个城市在“中三角”区域协同创新网络中处于重要的位置。值得注意的是，鄱阳湖生态经济区的许多中小城市虽有所进步，但度数中心度始终处于靠后位次，一直未能有效地与其他城市节点产生良好的协同互动，表明这些中小城市在协同创新网络中的作用力偏弱。度数中心度的特征及变化趋势反映了网络中存在明显的“强者恒强”的马太效应。节点的网络地位与节点的创新势能相匹配，创新实力强的城市能够吸引周边的创新要素内流，产生极化效应，形成“强者愈强”格局。创新势能低的城市则通常处于不利地位，因此需要政府部门的有效管理和调节。接近中心度的特征及变化趋势与度数中心度较为相似，此处不再赘述。

中介中心度反映的是各城市节点在网络中的中介地位和桥梁作用。从图 7－4 可以看到，2010～2020 年“中三角”区域协同创新网络中 20 个城市的中介中心度均值成不断下降的趋势，且总体处于较低的水平。分年度来看，

2010年武汉、长沙、南昌的中介中心度远高于均值，岳阳略超均值，表明三大省会城市创新资源的控制能力最强，掌握最多的网络结构洞。其余7个城市的中介中心度低于均值水平，还有9个城市的中介中心度为0，表明大多数群内城市处于网络边缘位置，尚未发挥网络中介传导的作用，中介中心度发展格局的不均衡性较显著。2015年中介中心度高于均值的城市增加到了7个，2020年高于均值的城市中新增新余，达到8个。值得注意的是，2010～2020年武汉、长沙、南昌三个省会城市的中介中心度在不断下降，表明“中三角”区域协同创新网络从过度依靠省会城市进行联系向依靠多中介中心转变。其中，岳阳和九江的中介中心度上升较快，后发进步明显，在城市群协同创新空间网络中的中介枢纽作用逐渐突出，对创新资源的控制度不断增强。其他城市的中介中心度也存在不同程度的提升，中介中心度为0的节点数由2010年的9个减少至2020年的2个，仅景德镇和娄底仍为0，中介中心度的均衡性有所提升。中介中心度逐渐由不均衡向相对均衡方向转变，这一趋势有利于创新要素在城市群网络中的充分流动和不同创新节点之间的良性互动。

从三大子区域内部来看，长株潭城市群内部协同创新网络节点发展得较好，长沙、株洲、湘潭和岳阳四个城市2010～2020年的度数中心度、接近中心度都超过了均值水平，在区域创新网络中的辐射、带动效应较明显。武汉城市圈的度数中心度、接近中心度、中介中心度总体超过了鄱阳湖生态经济区，但仅有武汉遥遥领先于均值水平，其他城市中仅有黄石的中心度较高，但也是略高于均值水平，剩下的四个城市的中心度均在均值水平之下，表明武汉城市圈内部协同创新网络节点的辐射、带动效应不均衡，武汉“一家独大”的“虹吸效应”突出。鄱阳湖生态经济区的总体中心度在三大子区域中最低，仅有南昌的中心度水平较高，但与武汉、长沙相比仍有差距，与其网络地位还未充分匹配。九江的中心度水平提升较快，成为鄱阳湖生态经济区重要的协同创新网络节点。

综合三项个体网络指标来看，“中三角”区域协同创新网络节点的作用结构更加多层次，网络逐步发育和完善，向多核心结构模式演变，逐渐由最初的武汉、长沙两核主导向武汉、长沙、南昌三核驱动演变，三大省会城市的网络增长极地位趋于稳定。“中三角”区域协同创新网络多个次级重要中心逐渐形成，且空间分布格局受到空间邻近性的较大影响。黄石、株洲、湘潭等逐渐形成的次级中心大多邻近处于网络核心位置的省会城市，表明网络中存在明显的“近水楼台”的空间溢出特征。邻近地区易于接受核心节点辐射溢出的外部效应，但城市的吸收能力也十分重要。南昌邻近地区还未形成重要的次级中心，一方面原因是南昌极点的创新扩散效应相对于其虹吸效应偏弱，另一方面原因是邻近地区创新势差导致吸收不足。岳阳、九江在空间上虽未邻近核心节点，但处于省际边界的重要区域和网络核心节点的中介处，在网络中的传导桥梁地位逐渐显现。岳阳、九江以及黄石作为“长江经济带”重大战略中的临江门户和重要的节点城市，近些年依托优势区位和政策红利支持，创新水平提升迅速，逐渐成为了长江中游城市群中以及子城市群间的重要创新网络节点。武汉城市圈和鄱阳湖生态经济区之间依然存在重要中心缺位的问题，缺乏有力创新枢纽。广大城市群外围地区缺乏重要中心节点，并在空间上与网络重要中心存在距离藩篱，创新滞后和网络边缘风险仍较大。因此有必要加快培育和建设更多的创新增长极，促进“中三角”区域协同创新网络的多中心发育强化和地理格局有序，增强中心和网络的双轮带动作用。

7.3.4 “中三角”凝聚子群网络及其动态演变

凝聚子群分析能够将网络中具有相似性质和关系密切的节点成员进行有效划分，从而明晰网络中节点所形成的不同子群体的结构特征及其互动机理，从中观层面把握网络内部的结构规律。本书通过基于迭代相关收敛法的 Concor 程序，选择最大分割深度为2，收敛标准为0.2，对长江中游城市群协同创新网络进行凝聚子群分析，结果见表7－8和表7－9。

表7－8 “中三角”凝聚子群网络节点城市

时间节点	子群一网络节点城市	子群二网络节点城市	子群三网络节点城市	子群四网络节点城市
2010年	武汉、南昌、岳阳、湘潭、株洲、衡阳、益阳、娄底、常德	长沙、咸宁、孝感、九江	新余、抚州、鹰潭、景德镇	黄石、黄冈、鄂州
2015年	南昌、九江、黄冈、鄂州、黄石、孝感	新余、抚州、鹰潭、景德镇	武汉、长沙	咸宁、岳阳、湘潭、株洲、衡阳、益阳、娄底、常德

续表

时间节点	子群一网络节点城市	子群二网络节点城市	子群三网络节点城市	子群四网络节点城市
2020年	武汉、长沙、南昌	新余、抚州、鹰潭、景德镇、黄冈、孝感、鄂州、咸宁	黄石、岳阳、九江	湘潭、株洲、衡阳、益阳、娄底、常德

表7-9　"中三角"凝聚子群网络及其动态演变指数

凝聚子群	子群一	子群二	子群三	子群四
子群一	0.276/0.732/1	0.435/0.368/1	0/0.956/1	0.182/0.164/1
子群二	0.435/0.368/1	0/0/0.518	0/0.432/0.627	0/0/0.232
子群三	0/0.956/1	0/0.432/0.627	0/1/1	0/1/0.956
子群四	0.182/0.164/1	0/0/0.232	0/1/0.956	1/0.765/1

注：三者分别为2010年、2015年和2020年数值。

从表7-8和表7-9可以看到，"中三角"区域协同创新网络在三个不同时段均形成了四个主要的凝聚子群体，且随着协同创新内外环境的变化，各子群内部成员组成也发生了重要变化。凝聚子群实现重构，内外联系互动增强，子群之间形成了更为复杂的相互作用结构。具体而言，2010年形成的四个子群内部密度都较低，说明各子群内部成员并未产生紧密的创新互动。其中，长沙、咸宁、孝感、九江形成的子群二和新余、抚州、鹰潭、景德镇形成的子群三内部城市彼此孤立，而黄冈、鄂州、黄石形成的子群四内部相对最为紧密，成员数量最多的子群一次之，二者内部均具有良好的自反性。从子群相互作用关系来看，四个子群之间的互动力较弱，相互作用关系稀少，仅有子群一和子群二具有较强的相互作用，各子群的角色和功能尚未显现。2015年，子群一、子群三和子群四内部密度较高，形成良好的自反性，而新余、抚州、鹰潭和景德镇形成的子群二密度为0，内部依旧孤立。从凝聚子群相互作用结构来看，武汉和长沙形成的子群三与其他三个子群均有良好的互动关系，辐射效应较好，但其他三个子群之间的相互作用缺乏，凝聚子群结构较为简单。2020年各子群内部的网络密度得到较大提升，不仅子群内部互动更加活跃，子群之间的相互作用力也得以增强。地理距离在城市群协同创新空间关联网络中的作用有一定的弱化，跨越地理格局的创新子群形成。武汉、长沙、南昌形成的子群一不仅内部关系相当紧密，而且具有高度的溢出性，与其他三个子群均有密切的外部交流。三大省会城市拥有众多活跃的产学研创新主体，创新资源丰富，创新环境优越，在网络中占据核心地位，承担领导子群的重要功能，是“中三角”区域协同创新网络的中心。其他子群的内部成员之间仍具有一定的空间邻近特征。以鄱阳湖生态经济区中小城市为主体构成的子群二扮演边缘子群角色，内部结构最为松散，且与其他子群互动不足，尚未有效参与其他子群的创新互动以促进自我升级，网络边缘风险较大，这与这些城市创新投入不足、创新人才外流、企业规模小、市场化程度低等有很大的关系。相对于子群二，黄石、岳阳、九江形成的子群三和长株潭城市群众多城市构成的子群四得益于交通、区位和创新力的相对优势，内部联系较强，与领导子群也一起形成了良好的互动关系，但二者与子群二的互动度还有待提升。凝聚子群的变化表明“中三角”区域协同创新网络的子群结构既具有一定的稳定性，也具有重构性。伴随着“中三角”区域各城市的创新水平、产业发展、政策机制等变化以及城市群整体优化发展，凝聚子群会实现新的格局重构，进一步优化升级。

7.4 构建“中三角”跨区域协同创新网络的必要性与可行性

国务院批复的《长江中游城市群发展规划（2015—2030 年）》表明，“中三角”区域涵盖了整个长江中游地区，囊括了“一江两湖”（长江、洞庭湖和鄱阳湖）以及武汉城市圈、长株潭城市群“两型社会”试验区和鄱阳湖生态经济区三个国家级区域发展规划。2020 年底，“中三角”区域面积约 33 万平方公里，常住人口总量约 1.25 亿人，地区生产总值逾 8.5 万亿元，“中三角”以全国 3.5% 的土地面积和 9.1% 的人口总量创造了全国约 9.6% 的经济总量。[①] 此外，“中三角”三大区域在地理区位、自然禀赋、经济发展、产业布局及生态文明建设等方面存在天然的联系，不仅使得建立“中三角”跨区域创新系统成为可能，更有必要对其实行协同发展战略。

从地理区位和自然禀赋来看，“中三角”区域均为中部地区腹地，同处长

① 数据根据湖北省、湖南省、江西省 2020 年国民经济和社会发展统计公报的相关数据计算得到。

江中游地段，有着得天独厚的区位优势。“中三角”区域以武汉、长沙、南昌三个已经形成的中心城市为核心，以武汉城市圈为重要辐射极，联合长株潭城市群、鄱阳湖生态经济区等中部经济发达地区，以长江中游便利的水陆空交通走廊为主轴，与长三角和珠三角等国家规划重点地区和其他新兴区域增长极联系十分便利。武汉作为全国的九省通衢之地，依靠其发达的水陆空交通优势，已与长沙、南昌形成了三小时经济圈，而三大城市群内部也已建成一小时经济圈，便捷的交通将“中三角”各区域融为一体。

从经济发展与产业布局来看，“中三角”各子区域均是所在省份的龙头，辐射效应明显，具有抱团发展的基础和优势。其中，武汉城市圈总面积约5.78万平方公里，约占湖北省总面积的31.2%；2019年末总常住人口约3286.52万人，约占全省总常住人口（5927万人）的55.4%，城镇化率约为63.7%；实现地区生产总值约29100.97亿元，约占全省GDP总值（45828.31亿元）的63.5%；人均地区生产总值88557.52元，超全省平均水平（77320.74元）14.5%。[①] 长株潭城市群所辖面积约2.8万平方公里，约占湖南省总面积的13.3%；2019年末总常住人口约1563.56万人，约占全省总常住人口（6918.4万人）的22.6%，城镇化率约为65.2%；实现地区生产总值约16835.0亿元，约占全省GDP总值（39752.1亿元）的42.4%；人均地区生产总值107709.53元，为全省平均水平（57461.69元）的1.87倍。[②] 鄱阳湖生态经济区面积约为5.12万平方公里，约占江西省总面积的30%，常住人口约占江西省50%，经济总量约占江西省60%。[③] 从产业布局来看，武汉城市圈的主导产业是机械制造、光电子信息、生物医药、新型能源、轻纺及环保六大产业；长株潭城市群的主导产业是电子信息、生物医药、交通运输设备、黑色冶金、精细化工、食品六大产业；鄱阳湖生态经济区的主导产业是光伏光电、新型能源、生物医药、精细加工、航空制造、汽车设备六大产业。可见，三大城市群的主导产业既各具特色，又有所重叠、相互竞争，这就使得“中

---

① 数据根据湖北省2019年国民经济和社会发展统计公报的相关数据计算得到。受2020年新冠肺炎疫情影响，全国经济发展数据偏离正常水平，故本书的相关数据以2019年的为准。

② 数据根据湖南省2019年国民经济和社会发展统计公报的相关数据计算得到。

③ 数据来自《鄱阳湖生态经济区规划》。

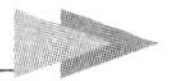

三角”区域的产业整合成为可能。

从生态文明建设来看，武汉城市圈和长株潭城市群是国家 2007 年批准的全国资源节约型和环境友好型“两型社会”建设试验区，鄱阳湖生态经济区是 2009 年国家批复的生态文明建设试验区。因此，“中三角”在生态文明建设中共同承担着发展经济与环境保护的重要使命，是探索区域经济增长与生态环境保护协调发展的践行者。从发展目标来看，武汉城市圈、长株潭城市群作为全国“两型”社会建设试验区的主要目标是成为全国“两型”社会建设的示范，建设具有国际品质的现代化生态宜居型城市群；鄱阳湖生态经济区的主要目标是成为全国大湖流域综合开发示范区、长江中下游水生态安全保障区。就生态经济的类型而已，武汉城市圈、长株潭城市群的生态经济主要涉及的是城市生态和工业生态，鄱阳湖生态经济区则主要是自然生态和农业生态，两者的定位和核心是不一样的。但是，三大国家级区域规划的发展目标都对生态环境指标提出了硬约束，三者又同处长江中下游，拥有东湖、洞庭湖、鄱阳湖三大湖泊，如何在发展经济的同时保护好生态环境，避免重蹈东部覆辙，是其面临的共同问题。

由此可见，对“中三角”跨区域创新系统实行协同发展战略是非常有必要的，而且打造以武汉、长沙、南昌为核心增长极的“中三角”经济区也已成为中部三省的共识，并上升为国家区域发展战略。为此，湘赣鄂三省于 2012 年 2 月 10 日在武汉首次举行了携手共建长江中游城市集群会商会议，并共同签署了《加快构建长江中游城市集群战略合作框架协议》，后又多次召开省际会商会议，为推进“中三角”经济区的建设与跨区域创新系统的协同发展奠定了坚实的基础。

第 8 章

跨区域协同创新网络构建的经验借鉴

长三角城市群是“一带一路”与长江经济带的重要交汇地带，在中国国家现代化建设大局和开放格局中具有举足轻重的地位，是中国参与国际竞争的重要平台、经济社会发展的重要引擎、长江经济带的引领者，是中国城镇化基础最好的地区之一。珠三角是我国改革开放的先行地区，是我国重要的经济中心区域，在全国经济社会发展和改革开放大局中具有突出的带动作用和举足轻重的战略地位。京津冀地区是以首都为核心的世界级城市群、区域整体协同发展改革引领区、全国创新驱动经济增长新引擎、生态修复环境改善示范区。这三大城市群无论是建设历史还是发展规模都比“中三角”区域更早、更大，在推动区域协同发展、跨区域协同创新网络的构建和运行等方面已经积累了较为丰富的成功经验，为“中三角”跨区域协同创新网络的构建提供了有益参考和借鉴。

8.1　长三角跨区域协同创新网络构建的主要经验

长三角拥有 2.2 亿人口，是经济总量超过 21 万亿元的中国经济核心地带。长三角科技创新资源占比为全国的 1/5，拥有“双一流”工程 A 类高校 8 所、其他高校 422 所，中科院研究机构 19 个，“两院”院士 350 余位。作为我国科技创新合作活力最强、频率最高、交流最密切的地区之一，长三角具备建设具有全球影响力的科创高地的竞争力。近年来，长三角主要通过以下四项措施构建跨区域协同创新网络并大力推动网络的运行。

8.1.1　加强基础研究能力，优化协同创新环境

一是支持重大科技基础设施、重要科研机构和重大创新平台在长三角布局建设。从战略性、前瞻性、可行性的高度，制定长三角层面的产学研协同创新战略发展规划，创建包含若干领域的长三角区域科研基金，建立针对重大、重点领域的联合申报、联合攻关的新的协同机制。集中力量、联合支持一些重大科学研究和技术开发项目，占据高新技术的前沿领域。把发展高新技术产业与改造提升现有产业结合起来，整合三省一市的重点开发区，推进技术创新链和产业链的融合。推动国家科技体制改革有关举措和政策规定在长三角区域先行先试，在区域性法律条例和行政法规方面进行探索，形成资源共享、协同创新与技术转移的统一政策环境。通过协议相互认可行政管理部门认定的有关资质，享受同等优惠政策。建立和完善科技资源开放共享，科研投入风险共担和利益共享，人才评价考核和流动配置，激励保障和合作奖励等制度措施。以 G60 科创走廊为重点，探索共建长三角科技创新生态实践区，分类探索创新服务、创新资源、科技政策和技术市场跨区域一体化发展。建立区域创新统计调查制度和监测指标体系，对长三角区域创新体系建设进行跟踪监测。

二是推动上海大科学设施集群率先向长三角地区开放。大科学装置建设具有带动区域经济发展、促进协同创新的驱动力。上海已经建成或正在建设的上海光源、国家蛋白质科学研究（上海）设施、上海超级计算中心，自由电子激光装置、超强超短激光装置等，这些将使上海乃至我国在生命、物质、能源、信息等领域具有领先的优势。主动推动上海大科学设施集群率先向长三角地区开放，向全球用户开放。基于大科学装置建立区域一体化的科研机构网络，设立区域性基金，用于培育长三角高校、科研机构，实现前瞻性的基础研究和引领性技术成果的产出，推动长三角领域的创新发展。上海地区的国家级重大科技基础设施建设的规划，可以和江浙皖联合起来，共同参与规划，共建共享，实现互利共赢，促进科技资源一体化共享。合理配置区域内人财物等科技创新资源，优化区域科技协同创新环境。探索流动岗位的工作机制、人才兼职兼薪等有利于人才区域流动的政策举措。积极用好上交所“科创板注册制”这一有利条件，构建多元化、国际化、跨区域的科技创新投融资体系。加强长三角区域政策规划以及标准的同步性，研究制定统一的数据标准，制定区域性科技基础条件共建共享的运行机制、管理办法等。建立统一的科技资源共享服务平台，整合现有各类科研平台，包括大型科学仪器设备协作共用网建设，科技文献共享平台、实验动物共享平台和技术转移交易平台。开发新建科技协同创新要素共享平台，包括科研基础数据共享共用平台、科技创业与投融资协作服务平台、高层次科技创新人才交流平台等。通过合作建立一批共享的科技资源服务平台和数据库，为区域科技进步与协同创新提供支撑和保障。

8.1.2 建立协同创新链条，布局重要产业集群

一是不断加强规划和引导。借助各个相关领域市场化、专业化的倡导机制和力量，以重大科技创新项目的突破为抓手，建立需求驱动的协同创新链，推动创新链产业链深度融合。充分发挥长三角区域内一系列国家实验室、国家重点实验室、国家级企业研发中心、国家工程技术中心等重点科研机构的作用，在及时跟踪世界科技创新最新前沿的同时，开展针对重大、重点领域的联合申报、联合攻关的新的协同机制。集中力量、联合支持一些重大科学研究和技术开发项目，占据高新技术的前沿领域。把发展高新技术产业与改造提升现有产业结合起来，整合三省一市的重点开发区，推进技术创新链和产业链的融合。

二是理顺产业转型升级中的科技创新协同机制。产业和企业是科学技术创新的载体，同时，科技创新的成果也需要通过产业化确认和在市场中实现其应有的价值，因此，科技创新协同需要与长三角区域内的产业创新和转型升级结合起来。政府通过机制创新，搭建服务平台，为两链融合创造良好环境，实现基础研究、技术研发、生产和应用推广体系无缝衔接，使新颖的创意与原型、发明创造源源不断得以实际应用，源源不断形成新技术、新产品和新服务。以汽车产业为例，针对汽车产业发展智能化、轻量化、共享化的市场趋势，充分发挥上海科技资源和资本的优势，发挥苏浙皖在劳动力、土地要素方面的优势，发挥区域内重点科研机构的作用，科研机构的“创新”围绕市场需求热点和产业空白点，在共赢的大目标下，推动整个区域的产业要素资源实现最优化的配置，集中力量联合开展针对发动机、新能源动力、轻量化材料、智能驾驶等领域的技术开发项目，并实现产业化，打造世界级汽车产业中心。

8.1.3　加强地区合作交流，推进知识产权保护

一是充分发挥上海的引领带头作用，主动服务国家战略，全面加强与长三角地区的合作交流。促进长三角地区知识产权保护共治一体化，实现知识产权案件审理专门化、管辖集中化、程序集约化和人员专业化。在区域内建立跨地区知识产权案件异地审理机制，推进“人工智能 + 法院”深度战略合作，深化人工智能在司法审判流程中的应用，拓展大数据技术在司法领域中的应用，构建上海知识产权法院集中管辖长三角地区知识产权案件、长三角地区各知识产权法庭“三审合一”的司法主体保护体系。区域内率先全面推广“三合一”行政管理与执法机制，建立区域内的线索通报、案件协查、联合办案以及检验鉴定结果互认等制度，完善线索发现、源头追溯、属地查处、案件移送机制，推动行政执法程序和标准统一，完善知识产权行政执法与司法保护互补协作机制。发挥中国（浦东）知识产权保护中心作用，支持上海知识产权仲裁院及区域内知识产权纠纷调解机构、仲裁机构建设，强化合作、协同，完善知识产权纠纷多元化解决协作机制。实现长三角地区知识产权保护共治一体化。布局区域知识产权联盟，建设区域公共服务平台。加强长三角地区标准化战略的研究，促进企业核心技术和专利技术向标准转化。加大区域知识产权文献信息传播与利用的力度。加快发展知识产权代理、法律、信息、交易、咨询、培训等服务中介机构，发挥公共服务与市场化服务互补互促作用。大力发展知识产权服务合作联盟，鼓励优质知识产权服务机构在区域内设立分支机构。加快建立企业海外知识产权维权援助中心，完善知识产权维权援助机制，加强企业海外维权的行政指导与维权援助，实现长三角地区知识产权保障服务一体化。

二是促进专业人才培养领域的区域合作。以上海国际知识产权学院为龙头，依托区域内高等院校、科研机构及学院集中的优势，加大知识产权高端人才的培养力度，探索区域联合培养模式，加快培养更多既懂国际法律和惯例，又熟悉实务的复合型急需人才。尽快建立开放、互动、高效的知识产权人才库和专业人才信息网络平台，打造知识产权智库。鼓励支持知识产权行业协会、服务机构面向园区、企业、高校、科研机构开展知识产权实务培训、专题研讨、普法教育等活动，提高知识产权意识，形成尊重知识、崇尚创新、诚信守法的知识产权文化氛围，实现长三角地区知识产权人才培养一体化。

8.1.4　加强科技创新支撑，推动生态环境共治

“生态优先、绿色发展”是高质量一体化发展的必然要求。长三角区域的科技协同是推动区域生态环境共治共保的有效支撑。利用高校和科研院所在资源和环境研究的优势领域，加强对长三角地区生态环境的科学研究和科技创新协作。重点围绕长江口、杭州湾和沿海的水环境研究，太湖流域河网水环境治理研究，海洋资源开发和环境保护研究，长江三角洲地区生态环境改善工程等大力实施区域科技联合攻关计划，充分发挥区域内一系列国家实验室、国家重点实验室、国家级企业研发中心、国家工程技术中心等重点科研机构的作用。如与华东师范大学河口海岸学国家重点实验室合作开展微塑料污染监测、生态风险评估和管控等方面的研究，在区域塑料垃圾和微塑料垃圾治理上树立中国标准。研究制定长三角地区水环境治理标准一体化，统一水环境的立法标准、具体要求和环保措施。建设长三角区域水环境数据共用平台，通过大数据、人工智能、物联网等技术，实现水环境观测过程和数据采集的自动化和实时性，助力区域水环境质量监测信息共享和水污染事故的应急处置合作。

8.2　珠三角跨区域协同创新网络构建的主要经验

近年来，珠三角大力实施创新驱动发展核心战略，以创新资源的共建共享以及科技产业的协同发展为抓手，以开展珠三角区域科技资源共享开放行动、重大科技项目联合攻关行动、产业集群协同创新行动、社会民生保障科技行动、联合构建人才高地行动、科技金融合作行动、自主知识产权促进行动为重点，着力构建开放型、一体化的区域创新体系，为推进珠三角转型升级、优化发展提供强大的科技支撑。

8.2.1　大力推动科技资源共享开放

一是共建科技创新平台。以共建共享公共服务平台为突破口，大力推进广佛肇、深莞惠、珠中江三大创新圈产业公共服务平台的共建共享，重点推进国

家重点实验室、工程中心、综合性研究院等科技创新平台建设。围绕重要产业领域和产业集群发展，引导各市按照产业关联度和相似度，加强磋商和合作，按照优势互补、合作共赢原则，共同遴选、支持、投入一批产业公共服务平台建设项目，减少重复建设。鼓励和支持高等院校围绕产业转型升级和经济社会发展需求，牵头整合行业、企业、科研院所等创新资源。

二是推动科技资源共享开放。鼓励科研院所、高等院校通过加强产学研合作实现科技资源的共享开放，加快推进内部创新资源向社会开放并提供服务。建设各类科技成果数据库、技术标准、专利、论文、专家等科技数据库信息共享平台，统一数据交换标准和接口，加快推进各类基础性科技资源的联网共享，整合构建统一的科技资源共享信息平台。深化科技体制改革，建立健全科技资源开放共享的规章制度和政策措施，探索建立财政科技投资的创新平台和科学仪器设备对外开放制度，逐步形成国有投资的公共服务平台资源一体化、服务一体化、收费一体化的运作机制；探索建立科技资源开放共享的利益分享机制，推动落户珠三角的国家级质检中心、省级授权质检机构、重点实验室、工程技术研究中心、中试基地、标准化研究机构、WTO/TBT 研究咨询机构、大型公共仪器设备等向社会全面开放。

三是积极搭建对接平台。按照市场主导、政府引导的原则，引导地方政府、各类社会主体投身新型研发机构建设。引导新型研发机构建立健全理事会等现代院所治理机制、产业化导向的研发模式，强化与企业、市场的对接，加快推进科技研发和成果产业化。积极支持产学研合作，鼓励各市加强协调，引导、组织行业龙头企业、科研机构共建产学研创新联盟，联合开展关键核心技术攻关，扩大合作范围和规模。引导和支持区域内企业、科研机构、中介组织以及科技园区创办各类科技联盟组织，组织各类科技论坛，积极开展科技创新交流对接活动，吸引区域内相关创新主体参与联盟活动。对符合一定条件的科技联盟组织，各级财政给予适当的经费资助或通过政府购买服务形式予以支持。加强珠三角各地生产力促进中心、各高新区科技创业服务机构的合作交流，联合开展科技创新宣传与教育活动。

8.2.2　大力推动产业集群协同创新

一是推进重大科技成果推广应用。深入开展商业模式创新，省市联动组织实施一批重大项目和新产品示范应用工程，引导各市积极开展重大科技成果推广应用示范试点，重点在高端新型电子信息、半导体照明（LED）产品、建筑节能与绿色建筑技术和产品、“数控一代”机械产品、新能源汽车等领域实施示范推广工程；举办科技成果与产业对接活动，推动创新成果加速产业化，加快重大科技成果产业化进程。

二是推动高新区协同发展。全面推进高新区以发展现代服务业、完善技术创新体系、优化创新创业环境和文化为主要内容的“二次创业”，重点推进珠三角国家自主创新示范区建设。加快高新区创业孵化载体建设，推动各市共同打造前孵化器协作网络。进一步推动高新区战略联盟发展，充分发挥高新区战略联盟在搭建资源共享、合作交流的互动性平台以及推动各高新区实现优势互补、错位和协同发展方面的作用，引导各高新区围绕特色重点领域开展核心技术攻关和重大项目建设，推动差异化发展。加快建设深圳下一代互联网、惠州智能终端与云计算应用、中山健康科技等国家创新型产业集群建设试点，培育和建设广州北斗卫星导航、珠海软件及集成电路设计等省级创新型产业集群，推进各高新园区形成优势特色产业。

三是推动专业镇协同升级。支持各市专业镇在家具、家电、纺织服装等特色优势产业重要环节加强合作与交流，促进专业分工和产业链延伸，形成专业镇产业发展联盟。推动专业镇通过产业联盟结对选择高等院校、科研院所，引导高等院校、科研院所在各相关专业镇合理布点，构建产学研长效合作机制，共同推进专业镇特色产业关键技术攻关和科技创新服务平台建设。推动区域相邻的专业镇合作共建中小微企业技术创新服务体系，加快建设功能差异化、特色化的专业镇生产力促进中心，共同建设各有侧重、优势互补的中小微企业服务平台。

8.2.3　协同吸引集聚高端创新人才

一是协同推进高端创新人才的引进培养。依托区域内高新技术企业、高等院校、科研院所与重大科研基地，加快引进更多创新团队和领军人才，联合培养一批科研、经营管理、技术技能型人才和公共服务高层次人才，鼓励社会与高校联合开展高层次人才培养，共建高层次人才培养实践基地、研究生联合培

养基地等。推动各市积极参与、支持和利用好中国广州留学人员科技交流会、深圳国际高新技术交易会和国际人才交流大会等人才引进平台，联合引进各类高端创新人才，共同打造珠三角人才高地。鼓励高层次科技人才采取柔性流动方式到异地从事咨询、讲学、兼职、科研和技术合作、技术入股、投资兴办高新技术企业或从事其他专业服务。

二是加强区域创新人才的交流与合作。以产业分工和科研合理布局为导向，建立与区域经济发展要求相符合的人才资源动态优化机制，优化人才合作机制，积极开展人才互访和学术交流，共同合作研究、共建试验基地、共同申报科研项目。鼓励各市引导企业创新人才使用理念，通过“异地研发、孵化，本地产业化”的方式，共享广州和深圳的人才、信息集聚优势，支持区域内的高等院校在各市设立分支机构与产学研基地，推动人才智力的交流与合作，畅通高层次人才的工作和创业渠道，实现人才互补和共享。促进各市在科技人才资质互认、科技人才居住证制度、区域社会保障制度等方面实现有机衔接，畅通区域内人才流动渠道，实现高层次人才互认、互动，促进高层次科技人才有序流动。

三是建设统一的人才服务与交流公共平台。推动各市科技专家库资源共享，充分发挥科技专家在区域科技创新、产学研合作、项目评审等活动中的作用。建立统一规范、高效共享的国家级国际科技人才交流平台和人才信息服务平台，促进“广州留学生网”等信息数据库的对接，推进外国专家和留学人员系统数据共享，共建珠三角网上科技人才中心，推进高层次人才、海外留学人员等人才资源共享。

8.3　京津冀跨区域协同创新网络构建的主要经验

京津冀地区是我国创新资源最密集、产业基础最雄厚的区域之一，肩负着建设全球科技创新中心、打造世界级产业集群、引领我国参与新一轮世界科技革命和产业变革的重大历史使命。近年来，京津冀各级政府部门携手发力，破除了制约协同创新的多重行政壁垒和体制障碍，区域创新实力大幅提升。

8.3.1 加大科技投入力度，创新成果不断涌现[①]

近年来，京津冀地区高度重视培育创新实力，创新成果产出大幅增加，京津冀三地合作日趋密切。2014～2020年，京津冀新增授权发明专利数由2.05万件增长至5.69万件，年均增长率为18.55%。2018年，京津冀合作专利数为8673件，较2013年增长了49%；其中，京津合作专利数为3056件，京冀合作专利数为4277件，北京市与石家庄市为1729件。京津冀区域内逐渐形成了以北京为创新中心，以天津和石家庄为次中心的创新合作网络。

一是创新经费投入持续加大，且更加重视基础研究。从经费投入总量看，2020年，京津冀R&D经费内部支出为3632.29亿元，是2011年的2.3倍，年均增长率为10.9%。从经费投入结构看，2020年，京津冀基础研究、应用研究和试验研究R&D经费内部支出分别为421.01亿元、697.07亿元和2231.21亿元，分别是2011年的3.12倍、2.43倍和2.25倍，年均增长率分别为15.2%、11.1%和10.1%。虽然当前京津冀地区试验研究R&D经费内部支出仍远高于基础研究和应用研究，但研究资源不断向基础研究领域倾斜。

二是科技人员投入力度不断增强，人员结构持续优化。从人员投入总量看，2020年京津冀R&D人员为811217人，是2011年的1.53倍。从人员投入结构看，2020年京津冀R&D人员中拥有博士学历、硕士学历和本科学历的人数分别为137867人、155432人和340386人，分别是2011年的2.18倍、1.56倍和2.25倍，年均增长率分别为10.1%、5.5%和10.5%，科技人员投入结构持续优化。

三是企业技术创新能力显著提升，创新主体地位不断加强。以规模以上工业企业为例，2011～2020年，京津冀规模以上工业企业R&D经费由53.43亿元增长至97.32亿元；发明专利申请数由13163件增加至26540件。

8.3.2 释放北京研发潜力，加快要素合理流动

京津冀三地中，北京市的创新优势显著，能否发挥好核心带动作用，对区

---

① 本部分数据根据北京、天津、河北科技统计年鉴（2011～2021年）中的相关数据整理所得。

域创新协调发展至关重要。

一是鼓励北京研发机构面向津冀产业改造需求进行关键技术研发。京津冀三地科技主管部门通过共同搭建传统产业技术推进平台，行业协会列出攻关技术清单，委托北京研发机构研究；传统产业技术推进平台对专业化技术的成熟度、创新度和先进度进行标准化评价，为技术使用方提供参考；通过传统产业技术推进平台引导在京企业在人工智能、工业互联网、供应链协同制造等优势领域形成集群式技术输出，为津冀传统产业升级赋能。

二是支持北京研发机构与津冀产业集聚园区共建技术创新合作平台。鼓励共建产业技术研究院、研发基地、协同创新基地、实验室与技术服务中心、博士后流动站等；鼓励园区内有实力的企业与北京专业研发机构在科学研究、人才培养、成果转化等方面开展合作，集中解决特色产业的技术升级改造难题。

三是支持中关村专业园区在津冀地区设立特色产业创新中心、孵化器等各类创新平台。搭建区域特色产业技术交流平台，引导区域内其他创新平台间的交流与合作，推进各地创新资源和产业资源对接；完善面向区域的人才、税收、财政补贴、租金等优惠配套政策，吸引全国高端人才和创新创业主体在区域内集聚；成立创新创业指导中心，为创新创业者提供从项目申请到落地全生命周期的专业技术指导服务。

8.3.3　培育科技服务载体，完善平台体系建设

科技服务企业是推动创新成果转化的重要载体。加强培育科技服务企业有利于提升科技服务水平，有利于建立以企业为主体、产学研用相结合的技术创新体系，京津冀地区从配套政策、改善融资以及优化营商环境等方面予以保障。

一是出台京津冀技术转移条例，构建科技成果转化政策体系。搭建知识产权保护实验室、存证固证系统，建立新兴领域和业态知识产权保护制度；推进知识产权价值评估体系建设，实现知识产权价值合理估值及信用增级；立法保障技术转移工作，建立有效的保障机制、激励机制、规范机制和惩罚机制，解决短板问题，营造有利于自主知识产权产生和转移的法治环境。

二是为科技服务企业营造良好的营商环境。制定专项扶持政策，重点培育

技术转移、检验检测等科技服务业企业。建立线上、线下结合的科技创新服务平台，线上平台汇集政策福利、创新资源供需等信息，推动创新要素高效对接；线下平台主攻交易服务，打造包含科技成果评估、设备共享、金融及知识产权咨询、政策科普等服务内容的“一站式”科技成果转化平台。由政府牵头组建科技服务业行业协会，加强与创新服务企业的对话沟通，保护企业合法权益、规范创新行为。

三是完善科技服务业产业链条，打造高水平产业集群。重视系统生态的引领作用，大力吸引研发设计、创新孵化、检验检测、技术转移和科技金融等领域的企业入驻产业园区，完善科技服务业产业链条进而实现产业集聚；建立监督、反馈和协调机制，鼓励区域内优秀科技服务企业深入产业链与创新链融合发展中；重点围绕新能源、环保等领域发展科技服务业，完善支撑体系建设，逐步实现组织网络化、功能社会化和服务产业化，提升科技成果转化效率。

第 9 章

生态文明视阈下“中三角”跨区域协同创新网络的构建策略

前文的实证分析表明，“中三角”区域科技创新体系的整体协同度偏低，区域创新资源没有得到有效共享，创新能力薄弱的区域从中得到的创新溢出效应不足。因此，要实现“中三角”区域创新资源共建共享，避免区域内部创新的不当竞争，促进区域整体创新效应，必须构建跨区域协同创新网络。但是，考虑到武汉城市圈、长株潭城市群“两型”社会试验区和鄱阳湖生态经济区对生态环境保护的严格要求，“中三角”跨区域协同创新网络的构建和运行必须在生态约束的框架内进行。应该通过强化生态经济指标的硬约束，推动“中三角”区域经济增长与生态可持续的协调发展，为保障长江中下游水生态安全提供重要的技术支撑。本章首先探讨武汉城市圈、长株潭城市群“两型”社会和鄱阳湖生态经济区建设对“中三角”区域协同创新的影响，找到“中三角”跨区域协同创新网络的影响因素，最终构建符合生态文明建设需求的“中三角”跨区域协同创新网络。

9.1 生态文明建设对“中三角”区域协同创新的影响测度

转变经济发展方式是生态文明建设的重要途径，依靠科技进步和创新，走集约型增长和可持续发展道路则是转变经济发展方式的重要路径。而仅靠单个主体或单一区域的创新已不能实现上述目标，不同主体和区域间必须开展有效协作，通过协同创新来实现共同目标。“中三角”作为“两型”社会建设试验区和生态经济区所在地，生态环境是进行区域协同创新的重要影响变量，而构建跨区域协同创新网络则能大力促进生态文明建设。

2007 年 12 月 14 日，经国务院同意，国家发改委批准武汉城市圈和长株潭城市群为全国资源节约型和环境友好型社会建设综合配套改革试验区。国务院于 2009 年 12 月 12 日正式批复《鄱阳湖生态经济区规划》，标志着建设鄱阳湖生态经济区正式上升为国家战略。鄱阳湖生态经济区是以江西省鄱阳湖为核心，以鄱阳湖城市圈为依托，以保护生态、发展经济为重要战略构想的经济特区。国家把鄱阳湖生态经济区建设成为世界性生态文明与经济社会发展协调统一、人与自然和谐相处的生态经济示范区和中国低碳经济发展先行区。可见，三大城市群的共同点是寻求生态文明建设与区域经济增长的协调发展。这就要求“中三角”的经济增长应该更多地依靠科技创新来实现，摒弃过去高投入、高消耗、高污染的传统路径。

为准确反映生态文明建设对“中三角”区域协同创新的影响，本书运用 Tobit 回归模型进行测度。詹姆斯·托比特（James Tobit）最先提出 Tobit 模型的概念，用来分析因变量是部分连续和部分离散分布的且取值上存在上限或下限的数据等相关问题。参考已有的相关文献，同时考虑数据的可获得性，本书选取如表 9 - 1 所示因素作为解释变量。

表 9 - 1　生态文明建设对“中三角”区域协同创新的影响测度变量

变量名称	变量符号	变量说明
产业结构	X_1	第二产业产值/GDP 总额
科技水平	X_2	财政支出中的科学支出占比
对外开放度	X_3	实际利用外资金额
环境规制	X_4	建成区绿化覆盖率

（1）产业结构。在我国的经济发展中，第二产业一直都有着非常重要的贡献，但由于第二产业主要依赖于自然资源和能源的大量消耗，同时也排放大量的污染物，相比之下，第三产业对自然资源和能源资源的依赖较小，对环境的影响也较小，因此我国一直在经济发展中强调产业结构的升级就是加大第三产业对经济增长的贡献。因此，本书选取第二产业产值所占比重为衡量标准。

（2）科技水平。研发投入可以体现一个国家或地区的科技水平，而较高的研发投入可以提高生产技术水平，提升资源环境利用效率，升级产业结构，提高生态效率水平。因此，本书选取各地区财政支出中的科学支出占 GDP 的比重来衡量科技水平。

（3）对外开放度。对外开放对东道国的资源消耗和环境质量产生双向影响。一方面，为了解决资金短缺问题，有些国家往往会降低环境管制标准，承接资本输出国环境污染较为严重的“低级产业”，加剧东道国的资源消耗和环境污染；另一方面，由于引进外资促进当地经济增长，东道国会有充足的资金开发技术提高资源的利用效率，减少污染排放，治理环境污染，从而提高其生态效率。因此，本书选取实际利用外资金额来衡量地区对外开放度。

（4）环境规制。学术界一般用污染治理投资额和污染费收入来衡量地区环境规制的强度，考虑到生态文明建设是中国特色社会主义事业的重要内容，地区绿化建设是环境保护和生态文明建设的重要体现。因此，本书选取各地区建成区绿化覆盖率来进行表征。

根据 Tobit 模型和上述指标，本书将长江中游城市群各市的生态效率值与影响因素结合构建如下的回归分析模型：

$$Y_{it} = \alpha + \beta_1 X_{1it} + \beta_2 X_{2it} + \beta_3 X_{3it} + \beta_4 X_{4it} + \varepsilon \tag{9-1}$$

式（9-1）中，Y_{it} 为长江中游城市群各个城市的生态效率，i 为各个城市，t 为年份，β 为回归系数，ε 为随机扰动项。相关数据来源于各个城市的科技统计年鉴，利用 Stata16 软件进行面板回归，相关结果见表 9-2。

表 9-2　Tobit 回归结果

变量符号	系数	P 值
X_1	-0.265	0.052
X_2	-0.852	0.021
X_3	1.431	0.003
X_4	0.231	0.132
常数项	0.752	0.000

通过对回归结果进行分析，可以得到以下结论。

（1）产业结构的系数为 -0.265，且与长江中游城市群生态效率显著负相关。说明提升第二产业的比重会显著抑制生态效率的提升。随着产业结构的升级，长江中游城市群的产业结构依旧为“二三一”，对环境的影响较大。所以，要加快长江中游城市群的产业结构优化升级，减少第二产业占比，增加第三产业占比，这样将有利于提高长江中游城市群的生态效率。

（2）科技水平的系数为 -0.852，与长江中游城市群生态效率显著负相关。从传统经验来看，科技水平对生态效率的提高有促进作用，此次结果显然与其不符，这可能说明长江中游城市群在实际中的科技投入不足，处在较低水平，导致科技能力未能完全发挥作用。分析长江中游城市群的科技支出占财政支出比重可以发现，均值仅为1.72，尤其部分城市2020年科技支出占比仍在0.8%以下，科技投入严重不足。因此，长江中游地区在加大科技投入的时候，应该把较多的资金投入环保行业，与此同时，更要注重科研成果的转化，尤其是生态环境科技成果的转化，从而改善环境，提升生态效率水平。

（3）对外开放度的系数为1.431，与长江中游城市群生态效率显著正相关。表明实际利用外资金额的增加有利于长江中游城市群生态效率的提升。利用外资会给长江中游地区带来一定的环境污染，但同时他们也带来了较为先进的技术和较高的环保标准，可以减少化石燃料的使用，降低污染物的排放，因此长江中游城市群吸引利用外资给环境带来了正向影响。

（4）环境规制的系数为0.231，对长江中游城市群生态效率产生的促进作用不显著。政府应该合理加强环境规制的强度，同时可以探索市场化的环境规制政策，使环境规制能够显著促进长江中游城市群生态效率的改善。

随着现代科学技术的发展，创新的迫切性、复杂性、高科技性使得创新者之间的关系悄然发生变化，由竞争、对立关系逐步向互补、共生关系演化，创新主体与创新环境之间互相依存、共存共生、共同进化，形成类似于自然生态系统的创新生态系统。在理想的创新生态系统内部，创新组织间协同共进、双向交流，最大限度利用创新资源，保护生态环境，实现系统进化。但是现实中，无论是区域创新生态系统内部，还是产业创新生态系统内部，创新和生态维护都没有达到预期效果，创新尚不能满足经济发展需要。究其原因，在于创新组织间竞争激烈，缺乏有效合作，这就需要建立有效的合作机制，通过有效的制度、体制打破界限，激励创新组织协同创新，达到协作共赢的目的。

全面推进生态文明建设，以绿色低碳循环发展为主线，着力于实现经济、政治、文化、社会建设四大系统的绿色转型，对四大系统的各方面和全过程进行生态化改造与提升。生态文明建设所担负的任务、要实现的目标艰巨而繁重，因而构建协同创新体系是全面推进生态文明建设的客观要求。协同创新是各系统及其子系统中的不同创新主体为实现共同的目标而整合内外部创新资源与要素、构建协同创新平台与机制的一种创新组织方式。这种创新模式打破了各主体间的地域、部门、行业等界限，通过协调、合作等复杂的相互作用产生1+1>2的协同效应，大幅度提高各类要素的创新效率。只有协同创新各系统资源、整合集成生态化要素才能高效、全面地推进生态文明建设。

生态化技术创新是推进“中三角”协同创新的核心。在生态文明建设中时常会碰到要发展经济就得牺牲环境，要保护环境就会阻碍经济发展的状况。如何解决生态保护与经济发展的矛盾是人们高度关注的问题。事实证明，生态化技术创新是消解生态文明建设与经济发展之间矛盾的重要法宝。如对风能、太阳能、生物质能等清洁能源的开发运用，既对生态文明建设做出贡献，又促进了生产力发展，提高了经济发展质量。因此，因地制宜，大力推进生态化技术创新，实现各产业的生态化发展，是推进“中三角”协同创新的关键。“中三角”创新主体应该在生态化技术领域争取有重要突破，把生态化科技作为协同创新的重点领域。

9.2 “中三角”跨区域协同创新网络的影响因素

区域创新系统是由多个子系统构成的复杂系统，是由多种关系相互协同作用而形成的复合体。因此，跨区域创新系统的协同发展不可能是由单一因素决定的，也不可能是单一因素的派生关系，而是由多种相对独立的子系统协同调制而成的一个整体，即以需求拉动力为主导的多维协同整合作用。但除了需求拉动力之外，科技推动力、政府导控力和以企业家为核心的主体创新合力也会不同程度地影响跨区域创新系统的协同发展进程和程度。① 具体而言，“中三

① 付颖．基于自组织理论的科技创新集群形成机理研究［D］．秦皇岛：燕山大学硕士学位论文，2010.

角”跨区域创新系统协同发展的影响因素可大致划分为创新主体、创新资源、创新环境三个方面。其中创新主体因素包括政府（含省、市、县等各级政府）、企业（国有及国有控股大型企业、民营企业、高科技企业、外资企业等）、高等院校、科研院所、投融资机构、专业中介服务机构等；创新资源因素包括信息、知识、技术、资金、设备等；创新环境因素包括法律法规、政策、制度、体制、机制、文化、基础设施等。[①] 这些影响因素范围非常广，几乎包括了系统内外的所有因素，共同影响着跨区域创新系统的协同发展进程。

根据影响要素的属性来分，还可将“中三角”跨区域创新系统协同发展的影响因素划分为三种类型。第一类是指由创新本身的特性决定的，是区域创新系统各子系统之间或要素由协同作用而实现区域创新的必要条件，主要包括创新模式、市场需求、专业化分工、创新外溢等；第二类是指区域创新系统中形成创新协同的环境条件，是区域创新系统各子系统之间或要素由协同作用而实现区域创新协同的充分条件，主要包括地理接近性、社会接近性和行业接近性三个方面；第三种类型是指区域创新协同可持续发展性，主要取决于区域协同度的高低和由于创新协同作用所导致的协同剩余（净利益）的分配程度。[②] 现实情况表明，区域协同度的高低和协同剩余（净利益）的分配程度是影响跨区域创新系统协同发展的决定性因素；而地理接近性、社会接近性和行业接近性等创新资源和环境因素则是影响跨区域创新系统协同发展的充分条件；政府、企业、科研机构等创新主体因素是实现跨区域创新系统协同发展的必要条件。也只有满足了这些条件，才能实现“中三角”经济区跨区域创新系统协同发展的可持续性。

为准确衡量上述因素的影响程度，接下来采用知识生产函数和空间计量模型进行定量评价。

9.2.1 模型构建

在跨区域协同创新网络的影响因素及溢出效应研究领域，通常在知识函数的基础上构建理论模型。目前，主要的知识生产函数有 Griliches-Jaffe 知识生

① 范太胜．基于产业集群创新网络的协同创新机制研究［J］．中国科技论坛，2008（7）：26－30.

② 陈丹宇．长三角区域创新系统中的协同效应研究［D］．杭州：浙江大学博士学位论文，2010.

产函数和 Romer-Jones 知识生产函数两种。Griliches-Jaffe 知识生产函数将创新产出看作是研发经费和人力资源的函数，但是却没有把知识存量纳入模型的考虑范围之内；Rower-Jones 知识生产函数虽然将知识存量对于创新产出的影响纳入模型之中，但是却忽视了研发经费投入对创新产出的影响。因此，本书在两者的基础上，从知识存量及经费投入两个维度来构建“中三角”跨区域协同创新网络影响因素的理论模型，函数表达式如下：$Y_{it} = \phi x_1^{\alpha} x_2^{\beta} x_3^{\chi} x_4^{\delta} \varepsilon$，对两边同时进行对数化处理，可得：$\ln Y_{it} = \alpha \ln x_1 + \beta \ln x_2 + \chi \ln x_3 + \delta \ln x_4 + \varepsilon$。各指标含义见表 9－3。

表 9－3　　影响指标含义

变量符号	指标名称	指标说明
Y	区域创新能力	
X_1	引资能力	实际外商投资总额（万美元）
X_2	资本投入	固定资产投资总额（亿元）
X_3	教育环境	高等院校在校生人数（人）
X_4	人力资本	从事科技活动人员数（人）

由于各变量在量纲上存在比较明显的差异，为了消除指标之间的量纲影响，此处引入极差标准化法，实现对各指标的原始数据的标准化处理，同时，为了确保后面的对数化处理有意义，本书在标准化数据后加上 1，以保证最后的数据均大于 1，在对数化处理后可以均大于零。

在模型选择上，本书选择空间面板模型来进行计量分析。目前主要的空间计量模型有空间滞后模型、空间误差模型、空间杜宾模型三种类型。其中空间滞后模型（SLM）又称空间自回归模型（SAR），主要是探讨所研究的因变量在区域内是否存在溢出效应，即相邻区域因变量的变化是否会对本区域因变量产生影响，其模型表达式为：$y = \rho W y + X\beta + \delta$。空间误差模型（SEM）又名空间自相关模型（SAC），它的数学表达式为：$y = X\beta + \varepsilon$；$\varepsilon = \lambda W \varepsilon + \mu$。空间杜宾模型（SDM）的数学表达式为：$y = \rho W y + \beta x + W \lambda x + \mu$。在空间面板模型的选择上，首先应该先建立非空间面板模型，然后通过 LM 和 Robust-LM 检验来验证是否适用于空间面板模型。如果所构建的模型通过 LM 和 Robust-LM 检验，则需要引入 Wald 检验和 LR 检验，在 SDM、SLM 和 SEM 之间确定最合适的模型，这两种检验方法都是从 SDM 出发，来验证 SDM 是否能够被简化成 SLM 和 SEM。它的判定标准为：如果 LR-lag 和 LR-error 统计量均显著，则说明 SDM 无法退化成 SLM 和 SEM，通常选择 SDM。此处采用 Stata 对模型进行 LM 和 Robust-LM 检验，结果见表 9 – 4。

表 9 – 4　　LM 和 Robust-LM 检验结果

检验参数	数值	P 值
LM-error	39.627 ***	0.000
LM-error-Robust	36.523 ***	0.000
LM-Lag	30.458 ***	0.000
LM-Lag-Robust	28.237 ***	0.000

注：*** 表示显著性水平为 1%。

由表 9 – 4 可以看出，在 1% 的显著性水平下，模型均通过了 LM 和 Robust-LM 检验，说明所构建的理论模型适合引入空间面板计量模型进行分析。接下来，采用 LR 统计量来检验 SDM 是否可以简化成 SEM 或 SLM，检验结果见表 9 – 5。

表 9 – 5　　LR 检验结果

检验参数	数值	P 值
LR-Lag	19.268 ***	0.000
LR-error	16.852 ***	0.000

注：*** 表示显著性水平为 1%。

由表 9 – 5 可知，LR-Lag 和 LR-error 统计量均通过了 1% 的显著性检验，说明所构建的 SDM 不会退化成 SEM 或 SLM，因此，本书可以引入空间面板杜宾模型来对“中三角”跨区域协同创新网络的影响因素进行分析。基于 SDM 所构建的空间计量模型为：

$$\ln y_{it} = \rho \sum_{j=1}^{N} w_{it} \ln y_{it} + \alpha \ln x_{1it} + \beta \ln x_{2it} + \chi \ln x_{3it} + \delta \ln x_{4it} + \alpha_1 \sum_{j=1}^{n} w_{it} \ln x_{1it} + \beta_1 \sum_{j=1}^{n} w_{it} \ln x_{2it} + \chi_1 \sum_{j=1}^{n} w_{it} \ln x_{3it} + \delta_1 \sum_{j=1}^{n} w_{it} \ln x_{4it} \tag{9-1}$$

其中，i 为年份，t 为地区，$\rho w_{it} \ln y_{it}$ 衡量的是相邻区域因变量 y 对本区域因变量 y 的影响程度，$w_{it} \ln x$ 衡量的是相邻区域自变量 x 对本区域因变量 y 的影响程

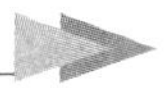

度，$\alpha\ln x$ 为本区域自变量 x 对本区域因变量 y 的影响程度。

9.2.2　结果分析

运用 Stata 软件进行空间面板计量分析，结果见表 9-6。

表 9-6　空间杜宾面板模型估计结果

变量	系数	Z 值	P 值
$\ln x_1$	0.3205 ***	3.76	0.000
$\ln x_2$	0.3687 ***	4.18	0.000
$\ln x_3$	0.3462 ***	7.68	0.000
$\ln x_4$	0.3312 ***	5.57	0.000
$W\ln x_1$	0.0518 ***	4.13	0.004
$W\ln x_2$	-0.0836	-0.76	0.532
$W\ln x_3$	-0.1922 *	-1.73	0.09
$W\ln x_4$	-0.0854 *	-1.82	0.078
$W\ln y$	0.3865 ***	3.38	0.001
常数项	0.008	0.51	0.679
lgt_theta	-1.628 ***	-4.63	0.000
sigma2_e	0.0001 ***	4.76	0.000
R-sq		0.9826	

注：* 和 *** 分别表示显著性水平为 10% 和 1%。

从表 9-6 的估计结果可以看到，计量模型的 R-sq 系数为 98.26%，说明模型的整体拟合程度较高。同时，在 1% 的显著性水平下，各区域自变量均对本区域的创新能力有显著的正向作用；而相邻区域的不同创新因素对本区域创新能力的影响也有所不同，具体分析如下。

（1）“资本驱动为主，人才驱动为辅”是目前“中三角”跨区域协同创新网络运行的主要模式。从各因素对跨区域协同创新网络的影响程度来看，资本投入对“中三角”跨区域协同创新网络的推动作用最强，影响系数达到 0.3687，表现为资本投入每增加一个单位，会使区域创新能力提高 0.3687 个单位；教育环境和人力资本投入对区域创新能力发展的影响系数分别为 0.3462 和 0.3312，表明人才因素虽然能够有效地推动当地区域创新能力的持续发展，但是它们的推动效果与资本因素相比略显薄弱；引资能力相比较其他因素而言，对“中三角”跨区域协同创新网络的推动作用最小，影响系数仅为0.3205，这说明由引资能力所带来的海外资本及知识虽然能够有效地促进当地创新能力的发展，但是受制于当地相对较弱的吸收能力，导致引资能力对创新能力发展的促进作用相对较小。从各因素对“中三角”跨区域协同创新网络的推动作用大小来看，“中三角”跨区域协同创新网络很大程度上受到创新资源投入（财力、人力等）的影响，并逐步形成了“以资本驱动为主，人才驱动为辅”的发展模式。总的来看，引资能力、资本投入、教育环境、人力资本对“中三角”区域各城市的创新能力发展具有明显的推动作用。这证明了城市的创新能力发展是一个系统性、综合性工程，它不仅与创新各项投入有关，也与区域内教育人文环境、开放程度有着紧密的联系，因此只有通过整合各创新要素，才能切实促进“中三角”跨区域协同创新网络的不断发展。

（2）在10%的显著性水平下，相邻区域的教育环境的改善和人力资本投入的提高对本区域创新能力发展具有显著的负向影响，而相邻区域引资能力的改善能够有效地推动本区域创新能力的发展。出现这种现象的原因主要是在于人才相对于资本的稀缺性以及户籍制度对人才流动性的限制，当相邻城市通过改善教育环境等方式来吸引人才，相对来说，这会减少本地区所能吸引人才的数量，同时在户籍制度的影响下，人才的流动会受到一定的限制，使相邻地区的人才更难向本地区流动，从而抑制了本地区创新能力的进一步发展。引资能力反映的不仅是区域的利用外资的能力，还是区域的开放程度及投资环境，当相邻区域引资能力得到提升时，通常意味着整个区域开放程度的增强，这会有效地引流一部分外资至其他区域，从而带动其他区域创新能力的发展。

（3）“中三角”跨区域协同创新网络存在显著的正向溢出效应。从实证结果可以看出，在1%的显著性水平下，相邻区域创新能力发展对本地区创新能力发展的影响系数为0.3865，表明相邻区域创新能力的提高能够有效地推动本地创新能力的发展。这说明“中三角”跨区域协同创新网络中心虽然在空间上与周边城市呈现“HL型”关系，但是得益于“中三角”区域中心武汉、长沙、南昌创新能力的强劲发展以及最近几年“中三角”区域内部协调机制的快速发展，使武汉、长沙、南昌对周边城市创新能力的发展依然有着显著的

拉动作用，“中三角”跨区域协同创新网络在整体上依然存在较为显著的正向空间溢出效应。

9.3 “中三角”跨区域协同创新网络的主要特征

“中三角”跨区域协同创新网络的构建必须符合生态文明建设的内在要求，以生态经济理论来引导构建策略。协同创新网络与生态群落的构成要素及要素间关系具有较强相似性，而生态群落理论是比较成熟的理论。因此，生态群落理论对于“中三角”跨区域协同创新网络的构建具有较强指导意义，“中三角”跨区域协同创新网络的构建应在生态群落理论的指导下进行。

9.3.1 跨区域协同创新网络的多样性

生物群落的多样性特征是指生物个体、种群和种群内外关系的多样性。这些多样性使群落的稳定性更强，更能够抵御外界环境的突变。协同创新网络的构建应将多样性作为一项指标。协同创新网络多样性包含的内容主要有：(1) 高校类型多样，有工科院校、专业院校、综合性院校等；(2) 高校层次多样，有部属高校、省属高校、市属高校等；(3) 涉及学科多样，有金融类、信息类、机械类等；(4) 企业种类多样，有制造业、服务业、金融业等；(5) 企业性质多样，有国有企业、大型民营企业、中小型民企、合资企业等；(6) 主体间关系多样，有合作关系、竞争关系和中性关系等。创新主体的多样性要求跨区域协同创新网络的构建应该充分考虑创新主体的差异化特征，取长补短，发挥各自在创新网络节点中的功能作用。

9.3.2 跨区域协同创新网络的层次性

生态群落层次性有两类含义：一是组成层次性，由个体组成种群，由种群组成群落；二是结构层次性，群落由不同层次的种群构成，有优势种群、亚优势种群和劣势种群。协同创新网络的构建同样应该是有层次的，表现为横向和纵向两个层次。横向意味着同类创新主体间的组合，如高校协同创新种群、企业协同创新种群；纵向是不同级别或不同种类创新主体的组合，如国家级协同创新网络、省级协同创新网络和市级协同创新网络。协同创新网络结构的层次性表现为在同一网络中多个产业占比不同，有优势产业、亚优势产业和劣势产业。这些产业之间的层次是可变的，随着时间推移，优势产业可能慢慢转变为亚优势产业甚至劣势产业。跨区域协同创新网络的构建需要打破传统行政区域的界限，分别组建跨省级行政区、跨城市群、省级行政区内部、城市群内部等不同层次的创新网络，每个层次里面的创新主体可进行横向或纵向的组合以进行合作创新。

9.3.3 跨区域协同创新网络的竞争性

生物群落是紧密联系、相互影响并具有内在联系的有机整体，各种群最终目的都是协同进化，但在各种群内和不同种群内同样存在竞争性，有争夺生存资源的种内斗争，也有争取生存空间的种间竞争，这些竞争促使群落不断进化。在协同创新网络中，不同创新主体共享彼此资源，分担研发过程风险，实现高效创新，具有共同的目标。但协同竞争网络在协同发展的同时，也应存在竞争，例如高校之间、高校与科研院所之间、企业之间、企业与高校之间也应有适度竞争，通过竞争可以促使创新主体保持适度活力。“中三角”的三大城市群之间既有追求创新合作的愿望，又不可避免地在产业布局、技术创新、对外贸易等领域存在不同程度的竞争。构建“中三角”跨区域协同创新网络既要充分考虑各个创新主体之间的合作需求，又要正视客观存在的竞争，在合作与竞争之间不断寻求创新网络的平衡点，以便充分发挥创新网络的协同效应和溢出效应。

9.3.4 跨区域协同创新网络的开放性

不同生物群落之间的界限是模糊的，意味着生态群落具有开放性，不同群落之间存在着物质与能源的交换。协同创新网络的构建也应注重网络的开放性，网络内创新主体间应保持频繁的知识和要素交流，形成有机整体。网络与外部也应存在密切的交流与联系，使外部创新主体能够不断加入网络，内部不适应发展的创新主体也能够及时被淘汰出网络。为了保证网络的开放性，应该有配套的评价机制，对不符合要求的创新主体，进行及时更新，从而防止网络

固化。从生态文明建设的角度出发，“中三角”跨区域协同创新网络的构建必须以生态环境保护和区域经济增长协调并进为出发点，优先发展促进生态文明建设的新兴技术，淘汰落后的生态技术，保障跨区域协同创新网络的开放性和动态性。

9.3.5　跨区域协同创新网络的动态性

动态性是指群落结构随着时间的变化不断变化，由简单向复杂，由低级向高级演变的特性。协同创新网络的动态性意味着协同创新网络不断发生变化，主要表现为结构由简单向复杂转化，创新内容由集成创新向原始创新转化，创新效率由低向高转化。“中三角”跨区域协同创新网络的构建必然要受到来自经济、文化、社会、环境等各个方面因素的影响。在国家“一带一路”倡议和长江经济带建设的双重背景下，“中三角”面临的是一个动态调整的政策体系。当外部的政策体系发生变化时，跨区域协同创新网络的相关网络节点也必然会发生相应的变化，从而使得整个创新网络不断得到动态调整和优化。

9.4　“中三角”跨区域协同创新网络的框架结构

根据跨区域协同创新网络的多样性、层次性、竞争性、开放性、动态性等特征和要求，本书从主体协同维度、空间协同维度、资源要素协同维度、方式协同维度四个维度构建了考虑生态文明建设需要的“中三角”跨区域协同创新网络框架，结合协同创新网络的构成要素和生态群落特征进行分析，构建生态文明视角下的“中三角”跨区域协同创新网络如图 9-1 所示。从创新主体协同维度来看，企业、行政部门、高校以协同创新中心为平台进行合作。企业之间、高校之间存在种内斗争和种内互助关系。而企业种群与高校种群之间存在着种间竞争和种间互利。政府部门能够影响企业、协同创新中心和高校的分布，它们之间的关系为种间竞争关系。高校、科研院校能够提供协同创新中心所需资源，它们之间的关系为营养关系，企业需求能够影响高校创新方向，它们之间的关系为合作关系。

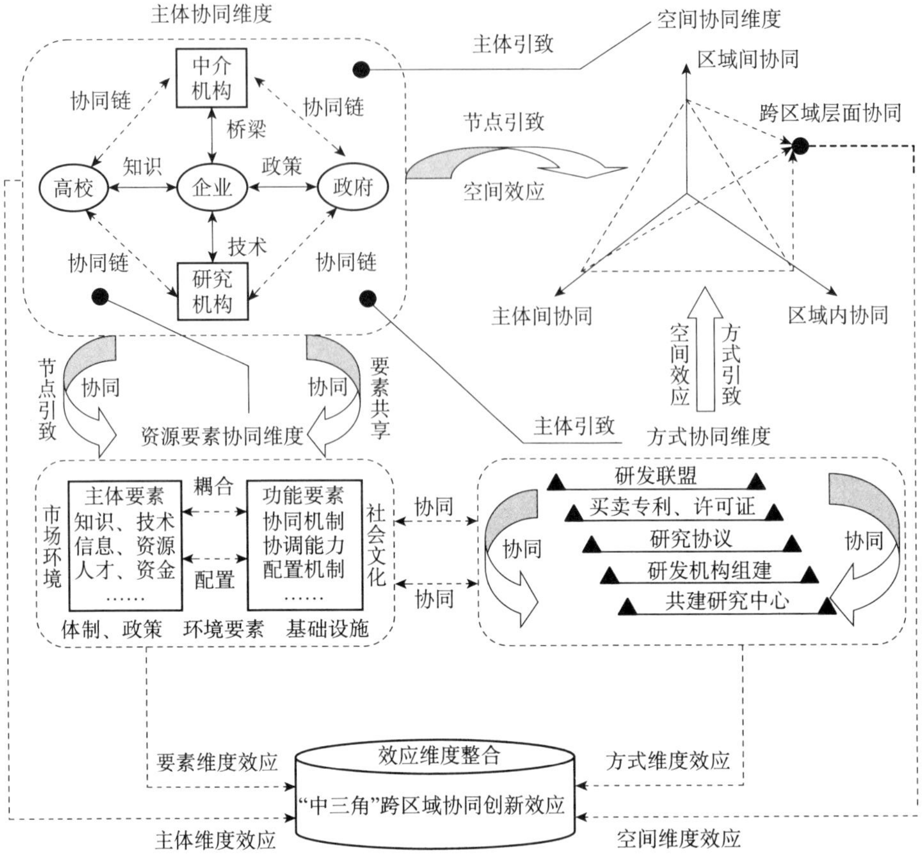

图 9－1　“中三角”跨区域协同创新网络框架

生态视角下的协同创新网络体现了多样性：参与创新主体的多样性（企业多样、高等院校多样、科研院所多样）、创新主体关系的多样性（营养关系、合作关系、竞争关系等）；体现了层次性：有创新个体和创新种群，有省级协同创新网络和国家级协同创新网络，有优势创新产业和劣势产业；体现了协同竞争性：不同种群间有协同性和竞争，同一种群内有斗争和互助；体现了开放性：企业种群、高校种群与网络外的环境存在物质和信息交流，省级协同创新网络与国家级协同创新网络之间的界限是模糊的。

9.5 “中三角”跨区域协同创新网络的联盟机制

根据所构建的跨区域协同创新网络结构，建立各网络节点之间的策略联盟（strategy alliance，SA），通过各节点互动行为来提高整个网络的创新功能和增加创新价值。“中三角”各节点处于对等地位，可通过联盟自身的自我调节功能形成 SA 的创新价值，并为 SA 各成员所共享，联盟的共同目标是保障长江中游的生态安全。根据博弈论中的合作与竞争模型（C-C 模型），探讨“中三角”区域在科技资源布局、科研平台建设、创新网络构建等方面的竞争策略以及三者在降低科技市场交易成本、共享创新资源、获取规模经济优势等方面的合作战略，推动形成和建立网络节点间“充分信息→合理分工→适度竞争→融合互补→协同创新”的联动机制。

9.5.1 建立策略联盟

“中三角”区域各创新主体之间通过协同创新形成网络竞合关系，实现集群租金（cluster rent）的动态均衡。中三角协同创新是集群行动者（包括区域内主导产业的企业及关联企业、高校/科研机构、中介组织、地方政府等）以资源共享、优势互补为前提形成的一种共同参与、共享成果、共担风险的创新组织模式和契约安排。集群行动者通过集群租金的创造效应（如竞合效应、外部经济效应、集聚效应和本地市场效应），形成协同竞争的网络结构。

“中三角”包括武汉城市圈、长株潭城市群和鄱阳湖生态经济区三个子区域，故有三种竞合关系，即武汉城市圈与长株潭城市群、武汉城市圈与鄱阳湖生态经济区、长株潭城市群与鄱阳湖生态经济区三个合作与竞争模型。模型包括参与人、行动、策略、支付四个要素。

（1）参与人（players）。假设武汉城市圈 i 与长株潭城市群 j 采取协同创新（合作行动）的总投入为 I，投入份额分别占 α、β，且 $\alpha+\beta=1$。

（2）行动（actions）。若两个子区域互相信任，则合作收益 Π 按投入比例进行分配，其合作效应系数 λ（$\lambda>1$）与收益大小相关。若两个子区域互不信任，都采取竞争行动（背叛行为），则双方收益支付均为 0。若两个子区域中有一个背叛，则另一个子区域的投入将被其篡取，至此不再合作。再假设两个子区域 i、j 的合作概率分别为 p、q。此外，合作区域间的协同存在一种累积性的正反馈激励 δ（$\delta>0$），而且双方交易频次越多，δ 越大，合作收益也就越大。

（3）策略（strategies）。若区域间进行第 $n-1$ 次合作中均相互信任，并采取协同策略，则继续合作。而一旦某子区域第 n 次合作中采取背叛行为，则对局双方从此不再合作。

（4）支付（play-off）。根据合作区域的博弈策略：双方都合作或者竞争，或是某一对局区域单方面采取背叛行为，可以得到子区域第 n 次合作的支付矩阵（见表9－7）。

表9－7　　武汉城市圈 i 与长株潭城市群 j 第 n 次合作的支付矩阵

支付矩阵	子区域 j		
子区域 i	合作概率	合作（q）	竞争（$1-q$）
	合作（p）	$pq\alpha I\cdot[\lambda(1+\delta)^{n-1}-1]$， $pq\beta I\cdot[\lambda(1+\delta)^{n-1}-1]$	0 $p(1-q)\alpha I$
	竞争（1－p）	$q(1-p)\beta I$，0	0，0

子区域 i 的博弈策略取决于其选择合作（$p=1$）与竞争（$p=0$）时的期望支付差额（$\Delta\Pi_i$）的符号。因为它对子区域 j 具有不完全信息，只能根据自身收益做出决策。即：

$$\Delta\Pi_i=\sum_{u=1}^{4}\Pi_{u,i}(p=1)-\sum_{u=1}^{4}\Pi_{u,i}(p=0)=qI[\alpha\lambda(1+\delta)^{n-1}-1] \tag{9-2}$$

根据区域利益最大化原则，子区域 i 选择协同创新的条件是 $\Delta\Pi_i\geqslant0$。同理，可以得到子区域 j 的合作条件，即 α、β 的范围。下面我们就对局子区域 i 和 j 的合作条件进行分析，以实现两个子区域在相同策略环境下的博弈均衡。

合作条件1：合作策略取决于合作效应大小、合作频次和激励机制。

根据 α、β 的范围界定，当合作频次 n 和激励贴现因子 δ 一定时，合作效应 λ 决定子区域的合作策略。当协同创新的合作效应较大时，即使子区域创新主动性（投入比例）较小，也愿意采取合作行为。同样，当合作频次 n 较大，或者协同创新激励因子 δ 较大时，对局子区域间会建立一种长期信任关系，或

是合作动机，这样也会愿意采取协同创新行为。如果合作频次较少而未建立长期信任的话，子区域只会在合作主动性很大时，才有合作意愿。

合作条件2：子区域的合作意愿与对局子区域的合作概率正相关。

以子区域 i 为例，将式（9－2）两边对 q 求偏导数并考虑 α、β 的范围，可得：$\partial\Delta\Pi_i/\partial q>0$（忽略该式等于0的情况，因为此时子区域 i 参与合作无利可图），即 $\Delta\Pi_i$ 是 q 的增函数。因此，子区域 i 的合作意愿与子区域 j 的合作概率 q 正相关。对于子区域 j 也能得到类似的结论。

合作条件3：对等投入有利于协同创新。

根据利益最大化原则，子区域 i 和 j 同时具有合作意愿的联合条件为：

$$\begin{cases}\alpha \geqslant \dfrac{1}{\lambda(1+\delta)^{n-1}} \\ \alpha+\beta=1 \\ \beta \geqslant \dfrac{1}{\lambda(1+\delta)^{n-1}}\end{cases} \tag{9-3}$$

为了直观和分析方便，式（9－3）可作图求解。从图9－2中可以看出，区间［A，B］是子区域 i 和 j 在 $\alpha+\beta=1$ 直线上同时选择协同创新的条件区间。当 λ、δ、n 越大时，协同空间也越大。但为了达到自身利益最大化，A、B 都有沿 $\alpha+\beta=1$ 向对方扩张的意愿。显然，只有在 E 点上，即当两子区域 i 和 j 对等投入（α 与 β 相等）时，双方才有长期或重复协同创新的潜力，从而实现博弈均衡。

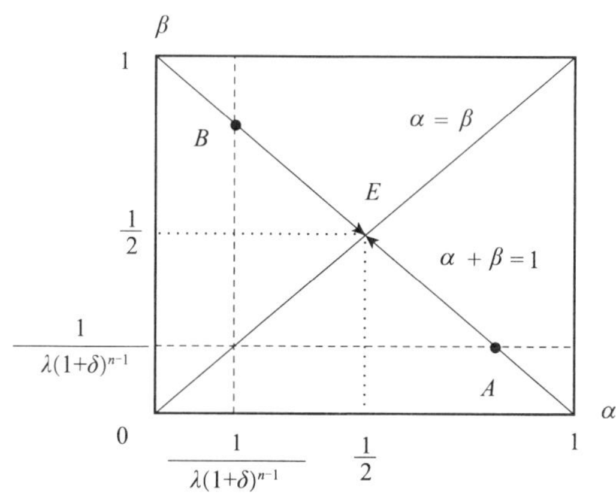

图9－2　武汉城市圈 i 与长株潭城市群 j 协同创新的博弈均衡

9.5.2 构建联动机制

“中三角”区域跨越鄂、湘、赣三省，行政区域壁垒对协同发展战略的实施影响非常大，当前鄂、湘、赣三省已有一定层面的合作，但在协同创新方面仍存在诸多竞争之处。本书采用博弈论中的合作与竞争模型来开展研究。探讨“中三角”区域在科技资源布局、科研平台建设、创新网络构建等方面的竞争策略，以及三者在降低科技市场交易成本、共享创新资源、获取规模经济优势等方面的合作策略，从而推动形成和建立网络节点间“充分信息→合理分工→适度竞争→融合互补→协同创新”的联动机制（如图9－3所示）。

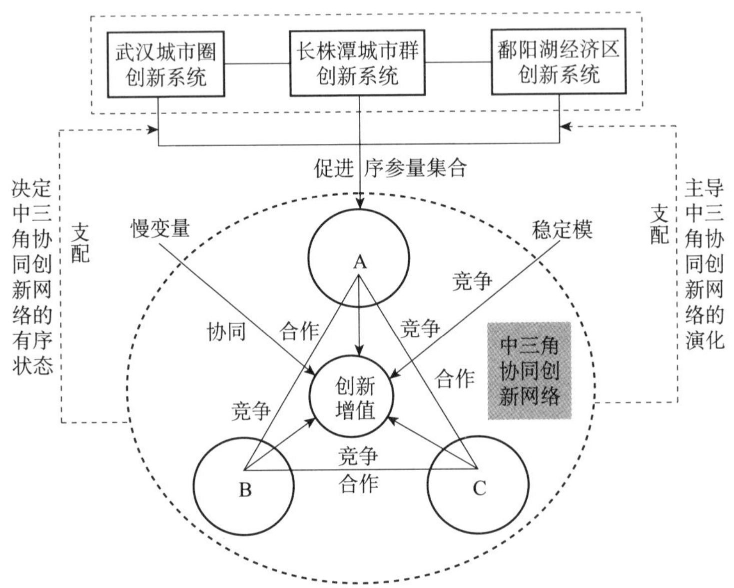

注：图中A代表武汉城市圈、B代表长株潭城市群、C代表鄱阳湖生态经济区。

图9－3 基于合作竞争模型的“中三角”跨区域协同创新网络联动机制

首先，建立省级层面的联动机制。该层面主要是宏观统筹，制定合作规划，建立三省会商会议制度，并成立专门的秘书处负责具体工作。每年举办一次会商会议，协调处理合作竞争中遇到的相关问题。三省分别制定的“十三五”科技创新发展规划就在三省会商会议上进行了交流讨论，从规划上就让三省在产业布局上融合发展，取长补短；在科技资源上共建共享，发挥创新网络的协同效应。

其次，组建城市群层面的联动机制。武汉城市圈、长株潭城市群、鄱阳湖生态经济区三个城市群内部已建立了区域创新系统，但城市群之间的创新能力差异明显，区域内部的创新协同度也存在较大差异。组建跨区域的协同创新联动机制，可以提升中三角的整体创新效应。但是，三大城市群之间也存在不同程度的竞争，必要合理的竞争有利于激发城市群发展活力，过度竞争则会造成两败俱伤，损害整体创新效应。

再次，完善省会城市层面的联动机制。省会城市层面是当前“中三角”交流最为活跃的群体，在科技创新领域也启动了一系列合作，如建立了科技合作联席会议制度、科技项目异地评审、科技产品联合展览等，但这些合作机制主要是由省会城市的科技行政部门建立的，行政色彩较浓，来自民间的科技合作尚不活跃。该层面的联动机制应该充分发挥各创新主体的积极主动性，省会城市人民政府和科技行政部门主要是统筹协调和牵线搭桥，鼓励企业、高校、科研院所等创新主体开展形式多样的合作创新。从协同创新的序参量来看，“中三角”跨区域协同创新网络的节点主要是由政府、企业、高校、科研院所构成，科技行政部门、高新技术企业、研究型高校、国家级科研机构（国家实验室、国家重点实验室、国家工程技术中心等）、技术创新联盟等处于各个网络节点的核心位置，是每个创新节点的创新源泉。

最后，新建临界区域的联动机制。“中三角”区域地理位置相邻，彼此接壤的县域数量较多，科技合作愿望强烈，但缺乏稳定的联动机制。县域拥有的科技创新资源较少，创新能力较薄弱，最重要的创新主体是中小微科技企业。因此，县域层面的创新网络应充分吸纳省会城市创新资源的辐射效应和溢出效应，建立由中小微科技企业为核心的协同创新网络，构建跨临界区域产业技术创新联盟，带动整个县域创新网络的协同发展。

9.5.3 优化联盟网络

近年来，“中三角”跨区域协同创新网络逐步由最初的“武长”双核主导演变为“3+5”的多核心格局。武汉、长沙、南昌三省会增长极地位趋向稳定，株洲、湘潭、黄石、九江、岳阳等次级中心的地位逐渐上升，网络多中心逐步发育。但重要中心的空间分布格局尚未协调有序，城市群边缘区域仍缺乏重要中心，许多普通城市和边缘城市有待深入融入网络和发挥作用。随着创新内外环境的变化，“中三角”跨区域协同创新网络的凝聚子群结构也在不断变化，逐渐形成了四个凝聚子群，包括武汉、长沙、南昌三省会引领的领导子群、黄石—岳阳子群、长株潭中小城市子群以及以鄱阳湖生态经济区中小城市为主体构成的边缘子群。凝聚子群内外联系提升，结构和功能更加复杂化和层次化。

（1）不断完善长江中游城市群城市间协同创新体系。长江中游城市群的各级政府部门要加强整体的统筹规划，加快出台落实协同创新的制度和政策，促进城市群创新一体化纵深发展。长江中游城市群应促进创新配套相关的服务和基础设施等共建和共享，完善城市群城市间城铁、高铁和5G 通信等基础设施建设，构建以“3 +5”为重要中心辐射外围的多维立体的城市群创新联通网络，通过发展“互联网 + 工业 + 创新”新业态，建设跨主体、跨城市、跨省域的协同创新要素、服务、信息、成果等的综合性平台，推动大数据、物联网和云平台等技术和服务与协同创新活动融合，提升创新效率。城市群中各城市应健全协同创新活动配套的金融服务、信息服务、产权服务、成果转化和应用等一系列创新中介服务，建立和发展政产学研协同创新机制，推进知识产权保护等相关的法律制度以及技术交易转移市场的城市间的对接和体系完善，推动不同机构间、不同城市间的创新要素流动、信息交流、协同攻关和成果转化应用等多方面的创新协同合作。

（2）长江中游城市群应在其跨区域协同创新网络整体密度和效率提高的基础上加快促进网络结构优化，强化网络作用。增强武汉、长沙、南昌三省会组成的领导子群在城市群协同创新网络中的核心引领功能，南昌要加快跟进。充分推动三省会的优秀科研院所、企业间和产业链间的创新协作，同力向高精智尖的技术领域突破，提升其城市群“引擎”的创新外部转移、辐射和带动力。黄石—岳阳子群和长株潭中小城市子群应发挥双向联系优势，完善高新技术园区建设，积极承接领导子群创新活动和产业转移，有效接收有益创新溢出，同时积极发挥外向联结功能，通过建立人才交流、创新展会、定期会议会谈、产业协同以及成果分享等长效合作机制协同带动边缘子群及弱势城市创新发展。以鄱阳湖生态经济区中小城市为主体的边缘子群应加强外部联系，完善

创新软硬件环境建设，围绕自身优势产业和发展潜力大的重点产业，通过税收、财政、金融、人才激励计划等政策法规引导有利创新资源入园、入市，加大技术人才和职业人才培养，努力提升自身创新水平，减小网络边缘风险，以九江为中介节点，打造以武昌—九江—南昌为轴带辐射周边的创新联结通道。进一步重点培育常德、新余、抚州等潜力网络中心，打造更多创新增长极，推进网络多中心发展强化、地理格局有序和凝聚子群间的密切沟通，充分发挥释放城市群协同创新网络作用力。

（3）长江中游城市群应“内育外引”，变区位优势为协同创新优势。长江中游城市群不仅要促进群内创新协同网络化，还要积极构建创新外部网络，抓住机遇，积极发挥在“一带一路”和“长江经济带”中承东启西的积极作用，与长三角、成渝、粤港澳大湾区以及国外的创新高地保持密切互动和合作，引进吸收国内外先进经验、人才、资金等有益资源，促进创新成果输出，强化与外界的协同创新优势。

第 10 章

生态文明视阈下“中三角”跨区域协同创新网络的发展对策

自2012年2月“中三角”三省会商会议召开以来，三大城市群之间在经济发展、产业承接、教育资源共享、共建科技创新平台等领域已开展了广泛的合作，但合作的深度还不够。三大城市群的科技创新体系建设也取得了一定的成绩，但重复建设、各自为政、协同效应低等问题较为突出。当前，长江经济带建设已成为国家区域发展战略的重要工作，“中三角”要在长江经济带建设中发挥中枢引领作用，必须加快推进跨区域科技创新体系的协同发展，充分发挥“1+1+1>3”的整体效应。在生态文明建设的约束和指引下，武汉城市圈、长株潭城市群“两型社会”试验区和鄱阳湖生态经济区共同构建的跨区域协同创新网络必须以生态文明和区域经济协调发展为导向，按照国家生态文明先行示范区和创新驱动发展战略的双重要求，促进“中三角”跨区域协同创新网络的发展。

10.1 促进“中三角”跨区域协同创新网络发展的总体思路

10.1.1 以机制体制创新为核心，消除跨区域协同创新网络运行的制度障碍

改革开放40余年的成功经验告诉我们，改革开放是我国跨越发展的根本

动力，没有体制机制上的重大革新，经济社会发展就会停滞，甚至倒退，更不会取得世人瞩目的伟大成就。随着时代的发展，特别是进入 21 世纪以来，我国经济社会发展遭遇的瓶颈越来越多，原有改革发展中形成的体制机制所具有的有利因素正在不断消减，而且正逐渐朝着不利的方向转变，成为制约我国未来经济社会可持续发展的重要因素。改革的实践证明，只有不断加快体制机制创新，不断扩大改革开放的力度和广度，经济社会才能富有活力，才能科学发展。

在“中三角”构建的框架下，其主体武汉城市圈、长株潭城市群、鄱阳湖生态经济区都是国家今后一段时期内经济社会发展重点开发建设的地区，都是国家赋予体制机制创新职能的试点地区，这些地区发展中的一个重要职能就是加大体制机制创新力度，探索一条适合于我国未来可持续发展的科学道路。三大城市群作为“中三角”的重要组成部分，在长江中游城市群建设的重大机遇下，应该紧扣体制机制创新的主题，将体制机制创新思路融入区域合作发展的大背景下，创建区域共同发展的合作模式，这既是顺应时代发展的具体要求，更是完成国家赋予的重大使命。在科技创新领域，“中三角”区域应打破原有科技行政管理体制各自为政的藩篱，树立合作、共享、融合发展理念，构建省际、城市群、省会城市、县域城市等不同层面的科技合作机制。科技行政部门做好宏观统筹、协调规划等工作，充分发挥“中三角”科技企业的主体作用和创新动能，激发高校、科研院所等创新力量的创新热情，消除跨区域协同创新网络运行的制度障碍。

10.1.2　以“三化同步”为路径，为跨区域协同创新网络的运行提供动力

当前，我国正处于经济转型发展和区域协调发展的关键阶段。“三化同步”作为加快经济结构调整，转变经济发展方式、协调区域发展平衡的有效途径，对推动“三农”科学发展和乡村振兴战略的实施具有重大现实意义和深远历史意义，是经济社会发展的内在要求。从我国区域协调发展的方向来看，我国中部地区是今后一段时期实现“三化同步”的重点拓展地区，而以武汉城市圈、长株潭城市群、鄱阳湖生态经济区为构建主体的“中三角”地

区更是实现“三化同步”的优势地区。鄂湘赣三省当前都处于工业化加速发展的中期阶段，按照经济发展的普遍规律来说，未来一段时间内，工业的比重仍将呈上升态势，新型工业化的进程还将加速。而且区域产业由东向西的转移步伐正在逐渐加快，身居中部的武汉城市圈、长株潭城市群、鄱阳湖生态经济区对接长三角、珠三角具有天然的地理和市场优势，共同打造“中三角”，构建新型工业化示范区域将成为三大城市群的共同利益导向。

新型城镇化是我国未来扩大内需、实现公共资源公平化的重要载体。而作为传统的人口集中、城镇密集区域来说，武汉城市圈与长株潭城市群、鄱阳湖生态经济区在加快人口区域集聚、统筹城乡建设、优化城镇合理布局，构建由国家中心城市、圈域副中心城市、中小城市、中心镇、新型农村社区组成的长江中游城市群城镇体系，探索新型的土地使用机制、户籍制度以及公共行政治理等方面具有广阔的合作空间。多年来，“三农”问题一直是困扰我国经济社会发展的重点和难点，而有效解决“三农”问题的途径在于不断推进农业现代化步伐。长江中游地区的江汉平原、洞庭湖平原和鄱阳湖平原都是我国重要的粮食作物和经济作物的主要产区，加强长江中游平原建设对于保障国家粮食安全、夯实国家农业发展基础具有重大意义，同时，优越的自然环境和农业基础更是大力开展农业现代化的理想区域。因此，武汉城市圈、长株潭城市群、鄱阳湖生态经济区在加快农业现代化发展方面有共同的利益诉求。

“中三角”区域推动新型工业化、城镇化、农业现代化的出发点是“既要金山银山，更要绿水青山”。党的十九大报告提出，要“发挥优势推动中部崛起，以共抓大保护、不搞大开发为导向推动长江经济带发展”。这表明“中三角”区域“三化”建设和发展必须以保护好生态环境为前提，更加重视发展质量，走集约式和内涵式发展道路，努力实现生态文明建设与区域经济增长协调发展的目标。而这一目标的实现，显然需要借助科技创新的力量。新型工业化应充分发挥科技创新的带动效应，增加研发投入力度，加大工业产品的科技含量，提高产品的经济附加值。新型城镇化可利用现代科学技术规划、建设新型城镇，加大生态小镇、创新创业小镇等特色小镇的建设，还可以利用3D打印技术直接打印建筑物等，利用新兴技术减少建筑垃圾，保护生态环境。农业现代化也可将现代科学技术与农业发展有机结合，建设国家农业科技园区，发

展高科技现代农业，重点发展生态农业，提高农产品的科技含量和产品附加值。

10.1.3　以“美丽中三角”为方向，将生态文明理念融入跨区域协同创新网络

科学发展观、和谐社会以及“美丽中国”等思想的根本溯源就是探索建设一种经济社会健康发展、生态环境优美的社会发展模式，这也是对人类未来生活形式的高度概括。2007 年底，国家批准武汉城市圈、长株潭城市群作为资源节约型、环境友好型“两型”社会试点以及 2009 年底批准鄱阳湖生态经济区建设，一个重要目的就是将长江中游地区的三大城市群作为探索生态文明与经济社会发展协调统一、人与自然和谐相处发展之路的试点地区。

目前，武汉城市圈、长株潭城市群以及鄱阳湖生态经济区在集约用地方式、循环经济示范区和主体功能区建设、指标体系构建、生态补偿、环境约束政策和完善排污权有偿转让交易制度等方面的探索已经取得一定成效。党的十九大报告指出，要“发挥优势推动中部崛起，以共抓大保护、不搞大开发为导向推动长江经济带发展”。因此，长江中游城市群必须充分发挥生态优势，积极探索生态环境保护与区域经济增长协调发展的新型道路，早日建成“美丽中三角”。“十四五”时期，如何根据资源环境承载条件，进行科学合理开发、综合利用、集约使用资源；如何将高消耗、高排放、不可持续的传统工业化发展模式向低消耗、可循环、低排放、可持续的新型工业化发展模式转型；如何把中心城市发展同周边城市腹地开发与保护生态结合起来；如何统筹城乡，逐步实现区域公共服务均等化，消除城乡二元结构等“两型”社会的探索之路还很漫长。“美丽中三角”建设需要科技创新的强有力支撑，“中三角”跨区域协同创新网络的构建和运行也需要贯彻生态文明建设理念。

10.1.4　以区域共赢为目标，不断深化跨区域协同创新网络的合作框架

西方古典经济学的鼻祖亚当·斯密在其著作《国富论》中认为，那些为了私利最大化而做出合理预期与正确决策的理性个体通过自身的行为，最后会

实现社会福利的最大化，即个体理性将会实现集体理性。然而在现实社会中，博弈论中的囚徒困境模型则反映出现代社会规模化生产的背景下，每个参与社会生活的人的决策实际上并非孤立的，常常会影响到其他人的决策，所以每个个体所选择的对自身利益最大化的决策往往会造成社会总福利达不到最大化，即个体理性导致了集体的非理性，而解决矛盾的理想化形式就是多重博弈下的合作，从而实现共赢。对于区域而言，同样是这个道理。从 20 世纪 50 年代起，以欧洲共同体为代表的区域经济合作热席卷全球，发展到今天，欧盟已经成为目前全球最为成功的国家间区域经济合作的范例。同时，北美自由贸易区、亚太经合组织、东盟自由贸易区等一系列国际区域合作组织也竞相出现。在我国，长三角、珠三角、京津冀也成为了区域发展的联动板块，实现了区域共赢。上述地区之所以能够在区域合作中取得成功的关键在于，充分考虑了区域内部各个成员的利益，通过彼此的利益博弈，进行广泛合作，从而达到了集体理性，实现了区域共同发展。

因此，在“中三角”构建背景下，武汉城市圈在与长株潭城市群、鄱阳湖生态经济区的区域合作中，要积极拓展融合发展的思想，只有不断深化与长株潭城市群、鄱阳湖生态经济区等周边地区的合作，才能实现要素充分的流动、资源的有效配置、产业的合理布局以及市场的完全共享。区域发展既要有优先发展的区域，也要注重补偿利益受损地区，只有建立起完善的利益激励和补偿机制，整个“中三角”的建设才能顺利推进，区域发展才能实现共赢。“中三角”跨区域协同创新网络的构建，就是要充分发挥各个网络节点的创新功能，共建共享创新资源，利用城市群内优势创新主体的创新级差效应，带动整个“中三角”区域的创新能力，实现区域经济的协调发展。

10.2 大力加强顶层设计，持续深化“中三角”区域协同创新合作

10.2.1 不断完善“中三角”区域协同创新会商机制

当前，长江中游城市群三省之间已建立省际、省会城市、省直科技部门、省会市直科技部门等不同层次的协调会商制度，但科技创新领域的会商主要集

中在省直和市直科技行政管理部门，国家层面和省级层面的科技会商体制还不够健全，导致“中三角”区域科技创新资源还无法完全自由流动，“中三角”跨区域协同创新网络的运行仍存在制度性障碍。展望未来，鄂湘赣三省应建立整体性发展大局观，突破行政区域的发展界限，避免各自为政；通过积极寻求区域合作，明确协同创新发展的方针、目标，从而推动长江中游城市群协同创新发展；三省应共同制定协同创新发展的总体规划，达成统一认识，并在其指导下展开工作，避免发展无序化，造成区域创新要素投入产出的无效率。

一是组建“中三角”区域协同创新发展的协调委员会作为国家层面的常设机构，由国务院牵头组织中央有关部门参加“中三角区域经济发展协调领导小组”，负责制定“中三角”区域经济发展的重大战略和总体规划，制定“中三角”区域合作的重要政策和措施，组织管理“中三角”区域内的重大项目。

二是制定“中三角”区域一体化的产业经济发展规划以及出台区域协同创新的政策措施。在国务院的组织领导下，由鄂湘赣三省共同按照区域产业经济发展特点，研究制定适合“中三角”区域经济发展的区域经济社会发展规划和政策措施，实现“中三角”区域内错位发展、优势互补、互利共赢的发展格局。以“中三角”区域当前经济社会发展情况为出发点，结合国际经济社会发展大趋势，形成“中三角”区域内分工合理、专业化的区域产业体系。建立“中三角”区域内科技联系会议制度，定期召开“中三角”区域内科技厅长联系会议，以及针对“中三角”区域产业经济发展的重点行业和重大项目开展院士专家研讨会等，加强“中三角”区域内高层部门的领导和沟通，针对“中三角”区域科技发展的重大战略性问题进行协商和讨论。

三是有效发挥鄂湘赣三省各级政府在区域科技创新体系建设中的组织管理作用，促进区域科技规划和科技创新体系建设有力的组织协调。围绕“中三角”区域产业经济发展情况，研究制定“中三角”跨区域、跨领域的产业科技创新战略和区域产业发展的中长期科技规划，推动“中三角”跨区域的创新合作与互动；加快构建“中三角”区域科技创新体系的协调组织管理机构，消除跨区域科技创新协调制度性的障碍，减少跨区域科技创新合作过程当中的交易成本；鄂湘赣三省共同协商制定跨区域的区域产业经济发展规划与政策，为跨区域合作的创新体系的市场主体链接全球性的合作企业；合作建立跨区域性的基础性产业科技研发研究基地，构建跨区域性的科技信息服务网络、跨区域性的金融支持体系等科技创新服务体系，为“中三角”区域营造创新环境。

四是培育“中三角”区域科技创新体系联动发展机制。成立“中三角”跨区域科技创新的组织管理机构，全面落实国家关于支持“中三角”区域经济社会发展的区域科技协同创新规划和政策，在贯彻国家关于加快中部地区崛起的战略决策上，制定“中三角”跨区域产业科技协同创新的发展规划与政策，鄂湘赣三省高层协调好各省、地区在整体上的利益，推动“中三角”区域科技创新资源的高效率整合与利用，有效促进“中三角”区域发展的动力，促进“中三角”跨区域的省、市、区之间的互动交流，促进区域科技创新的一体化发展。

10.2.2 认真贯彻落实“中三角”合作协议和行动方案

当前，国家层面已出台《长江中游城市群发展规划》《关于新时代推动中部地区高质量发展的指导意见》等规划和政策文件，鄂湘赣三省及其省会城市之间已签署《加快长江中游三省协同发展行动计划》《深化协同发展　加快绿色崛起——长江中游三省战略合作总体构想》《长江中游三省协同推动高质量发展行动计划》《长江中游鄂湘赣三省区域协同创新合作框架协议》《长江中游城市群省会城市高质量协同发展行动方案》等合作文件，对推动“中三角”协同创新发展进行了顶层设计，为鄂湘赣三省在“十四五”期间的科技创新提供了行动指南。

“十四五”期间，“中三角”区域应聚焦推进区域创新联动、加强技术协同攻关、共享科技创新资源、促进科技成果转化、强化科技创新创业、对接科技金融服务、携手国际与区域合作创新等重点领域，围绕鄂湘赣三省经济社会高质量发展总目标，立足三省科技资源、产业基础和发展需求，实现科技资源共享、优势互补、协同创新、合作共赢，开创三省科技创新合作新局面，共同打造长江中游城市群协同创新共同体。

根据现有合作协议和行动方案，“十四五”期间，鄂湘赣三省应共同推进“三区”（东湖国家自主创新示范区、长株潭国家自主创新示范区、鄱阳湖国

家自主创新示范区）“三走廊”（光谷科技创新大走廊、长株潭科技创新走廊、赣江两岸科创大走廊）合作对接；共同申报国家重大科技专项，共同组织参与“揭榜挂帅”科技项目，开展“卡脖子”关键核心技术攻关；共同建设一批重大科技创新平台，推进重大科技基础设施、重点实验室等研发服务平台和大型科学仪器设备实现开放共享；建设长江中游城市群综合科技服务联盟，拓展科技成果转移转化和科技合作渠道，共同举办三省科技成果对接活动；推动双创活动“共办”，双创载体“共建”，双创孵化“共推”，支持三省高校互建大学科技园，建立三省大学科技园联盟，加强三省大学科技园互动交流；探索推进政府引导的科创基金在三省范围内互投，鼓励互设创投基金，共同举办三省创投峰会等活动；支持三省高校院所和企业积极参与中非创新合作中心、粤港澳科创产业园、亚欧水资源研究和利用中心等国家与区域科技创新合作平台建设，共享国际与区域科技合作资源。

10.2.3　构建协同创新大平台，打造重要创新策源区

鄂湘赣三省应充分发挥创新“第一动力”作用，推动体制机制、产业链、人才链、政策链、资金链等深度对接融合，增强区域经济协调性，着力打造协同创新共同体。大力推进改革创新体制机制对接融合，推动各城市之间“双创”示范区联合共建，协同发展。以三省现有科技资源共享平台为基础，探索建立科技服务资源共享平台和新型研发机构战略联盟，促进创新平台人才交流，加快技术转移和成果转化。依托湖北技术交易大市场、岳麓山大学科学城、南昌市科技创新公共服务平台等创新服务平台和信息光电子、数字化设计与制造、先进存储等国家级产业创新中心，建设长江中游城市群科创成果转化交易中心和知识产权线上协同创新平台。开展联合攻关，进一步挖掘三省市产业创新需求，提高关键领域自主创新能力。深化产学研合作，推进中部地区创新链、产业链、人才链、政策链、资金链深度融合。不断完善科技成果转移转化机制，强化创新要素对接，破解科技成果转化难题，强化科技成果交易功能，聚焦科技成果重点环节，汇聚创新合力，加速科技成果转化，共享创新成果，助推长江中游城市群经济高质量发展。

10.2.4 推动新兴产业大融合，构建区域协同新网络

鄂湘赣三省应围绕加快推动制造业高质量发展、加快推进信息产业示范应用、加强区域金融要素支撑等开展深度合作，构建区域产业发展新布局。充分发挥产业比较优势，提高光电子信息、集成电路、汽车及零部件、生物医药和医疗器械等重点产业集群的标识度，引导区域错位竞争、优势互补、各具特色。主动融入新一轮科技和产业革命，加快数字化、网络化、智能化技术在各领域的应用，推动制造业发展质量变革、效率变革、动力变革；推动长江中游城市群工业互联网协同发展，共同培育跨区域的工业互联网平台，扶持跨区域龙头企业推广工业互联网集成应用示范项目；加快推进信息产业示范应用，率先在长江中游城市群推广 5G 通信应用示范区，开展 5G 网建设和试商用，围绕城市公共管理、公共服务、公共安全等领域建设基于人工智能的“城市大脑”，培育跨区域智能应用平台。加强区域金融要素支撑，联合成立长江中游城市群共同优势产业发展基金联盟，吸引金融机构服务长江中游城市群发展。

10.3 政产学研用一体化，实现“中三角”创新主体的对接与转化

10.3.1 建立跨区域合作平台，促进区域跨学科协同创新

长江中游城市群区域协同创新发展氛围相比于京津冀、长三角等发达地区而言并不浓厚，且地区发展基础较差，甚至于一些地区缺乏自主创新能力与协同创新意识，地区间人才、资金、信息等发展要素流动方面存在较多壁垒和障碍。实践表明，城市发展与城市群建设密切相关，只有整个区域内各个城市间形成发展合力，才能使城市发展更具潜力，其发展更具有可持续性。因此，长江中游城市群应建立跨区域合作平台，推动区域协同创新建设，在交通设施、信息网络、公共服务等方面实现区域共通，以提升区域沟通协作的效率，进而提升协同创新的投入产出效率，打破协同创新发展障碍，形成协同发展格局，从而反哺各个城市的经济发展。

当前，以新技术、新产业驱动的新型经济发展模式对综合型人才的要求日

趋强烈，因此打破学科之间的固有界限、实现跨学科协同创新发展的重要性逐渐显现。通过建立健全高校多学科交叉融合的培养模式，帮助学校组建跨专业、跨学科的教学平台，进而促进学校建立兼具优势与特色的相关专业集群，打破各个学科间的领域界限，培养符合新时代需求的全面性人才。

10.3.2　打破政产学研用藩篱，拓展区域协同创新空间

我国大学的科研结构是以应用研究为主，应用研究占比在 50% 以上，这表明知识生产机构（如大专院校、科研院所）拥有大量的科研成果，但因为其与企业尚未形成良性互动，使得科研成果闲置与企业缺乏核心关键技术的现象同时存在，从而阻碍了社会经济增长进程，因而打破校企藩篱，增加科技资源的利用和投入产出效率，推动其协同创新发展意义深远。通过协同创新，推动企业、大学、研究机构整合互补性优势资源，形成原始性、突破性的创新成果，从而加速技术推广应用和产业化，进而提升科技进步在经济增长中的占比。政府、大学、企业传统的合作模式是：企业自愿向政府缴税，由政府对税收进行整体资源配置，如以同行评议的模式长期资助大学的基础科学研究，具有一定的公益性；同时，大学通过知识库（出版、会议等形式）、人力资本库（人员交流、合作研究、人力资本等形式）为企业提供科学知识、技术支持；企业则通过积极消化吸收这些知识技术以转化为商品和服务，为企业进一步发展提供资金，从而促进良性循环，构成经济系统运行的基础。在这种传统模式中，大学间接参与区域经济发展的协同创新路径。

企业是连接政府、知识生产机构、中介机构的关键环节，企业的发展推动社会进步，其在经济社会的发展进程中的作用无可取代，其研发创新能力及成果转化能力的高低反映社会经济发展的速度和质量。创新是区域发展的源动力，因而加强企业技术研发投入，推进建设企业生产研发中心、实验室、技术研究中心，推动大专院校、科研院所与企业研发中心展开各种形式的合作，参与企业的技术创新，从而提高企业的自主创新能力，使企业能够与大专院校及科研机构实现协同创新发展。长江中游城市群协同创新发展正处于初级阶段，应鼓励发展中小型高新技术企业，确定技术创新在企业发展中的主体地位，增加企业的研发投入，通过与大专院校、科研机构等合作，推动研究成果实现产

业化，同时提升企业的自主创新能力，使企业逐渐成长为协同创新的主体。

创新的合作模式表现为大学直接参与经济发展的产学研协同创新路径。企业向政府缴税，政府以税收收入根据开放科学体制来资助大学发展；同时，企业也可以通过委托研究、R&D 外包、合作研究等形式直接资助大学的科学研究，而大学则以知识资本化形式向企业提供研究成果。可以看出，企业与大学的合作方式变得更为多元，大学研究资金来源也趋于多样化，企业对技术的研发与应用所拥有的自主性更强。大学与企业间的合作主要以两种方式展开：一是以技术转移、专利许可、咨询等方式对企业进行知识服务；二是利用学术知识直接衍生新的企业。此外，除技术转移、技术许可、技术入股、创业服务和人才委托培养等形式外，通过鼓励企业与大学共建实验室、合作研究中心等进行产学研战略联盟新模式，也是一种很好的发展范式，通过区域间的优势互补，各自提供大学的研究成果、高科技的技术、制造型的企业，为区域创新发展延展空间。

企业与大学是经济系统中 R&D 创新的两大主体，其协同创新发展占经济增长的比重越来越重。根据统计，我国在技术创新方面，其成果的 75% 源自中小企业，且有 80% 的新产品开发也由中小型企业产生；政府是实现 R&D 资金合理配置的重要组织者，依托政府的各项法律机制，促成创新主体与市场实现高效对接，进而转化成现实生产力的意义深远。企业与高校作为创新的主体，两者之间存在本质的区别。企业对 R&D 知识的所有权具有排他性，只有保证自己独占创新技术才能维持企业的长期经济利润，从而保证企业的发展具有可持续性；但大学是知识开放机构，其知识产权的传播将促进整个社会整体效益的提升，进而提高社会的自主创新能力。两者之间的性质差异为其完成对接合作提供便利，大学拥有良好的研发条件，而企业则在技术的产业化方面更具优势；在大学内部产生的发明、专利、技术等可以出售给企业，两者之间优势互补，共建协同创新发展的新格局。

10.3.3 营造优良的创新环境，打造区域协同创新高地

创新水平与研发资金的投入强度息息相关。此外，创新的发展还取决于区域内部的创新环境，包括研发基础设施建设（实验室、研发中心、技术中心、

 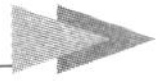

能力研究中心等）、人才引进制度建设、管理流程等。通过打造优良的创新环境，加快高科技企业发展进程，推动高科技成果应用转化，集聚高科技人才，提升区域内各个创新主体的生产效率，从而推动区域创新战略发展进程。通过建立区域性大型研究实验室，吸引来自世界各地的人才，通过协同解决各项跨学科、跨系统的难题，进而推动实现“中三角”全区域的创新发展战略。

10.3.4　大力发展“中游智造”，为中国工业 4.0 提供支撑

长江中游城市群区域内存在较多的科技型企业，创新发展潜力巨大。湖北省上市科技型企业有烽火科技、武汉新芯集成电路制造、华工科技、高德红外、三安光电、光迅科技、华中数控、力源信息、天喻信息、金运激光、华灿光电、理工光科、长江通信、中电光谷、中航机电等；湖南省内存在蓝思科技、长缆科技、拓维信息、湘邮科技、百利科技、高斯贝尔、奥士康、宏达电子、环宇数控、国科微、景嘉微、艾华集团等上市科技型企业；江西省上市科技型企业相对较少，主要有凤凰光学、联创光电、泰豪科技、正邦科技、赣锋锂业等。总体来看，长江中游城市群区域内部的创新基础资源禀赋较好，存在较多的光电子、通信、专用设备智造等高新技术企业，应大力支持上市科技型企业发展，同时积极发展科技型民营企业，挖掘独角兽、瞪羚企业发展潜力，通过各项金融优惠、提供法律保障等政策，鼓励企业展开科技创新，并鼓励相关创业企业发展，提升区域整体创新水平，形成中游创新高地，为发展中国工业 4.0 做出贡献。

10.4　产业集群错位发展，提升“中三角”高新技术产业核心竞争力

10.4.1　延伸产业链条，强化规模效应

高新技术产业的产业链优化有利于提升长江中游城市群高新技术产业的生产效益。一方面，上下游产业的布局和分工，高新技术企业才能降低生产经营成本；另一方面，合理的产业链规划有利于高新技术企业之间纵向和横向有序协作，形成良好的学习氛围和竞争环境，避免产品生产过程中的同质化和恶性

竞争效应。另外，成熟的产业链可以形成强大的向心力，引导外部同类企业向该区域集聚，并吸引相关衍生产业在区域内落户，促进整个企业生态环境向良性发展。

要形成长江中游城市群完备的产业链条，对于如医药产业和仪器仪表这两项优势产业，鄂湘赣三省内具有实力的龙头企业较多，且产业集群已经初具规模，应着力于完善产业链的配套设施建设，以龙头企业为中心，吸引上下游企业落户，补足整串链条的缺失部分，带动整个集聚区企业的共同发展。对于其他高新技术产业相对薄弱的行业骨干企业数量相对匮乏，中小企业的比重相对较大。应加大政府的招商引资力度，对重点企业在地价、水电等方面予以政策性优惠，吸引有竞争力的重点企业到区域内落户。对于已经形成的中小企业集群，应对集群内部具有成长性的企业进行重点孵化，完善集群内优胜劣汰的机制，优化集群内部的竞争环境。强化区域内部合作，实现“中三角”区域内产业集群的联动发展。

10.4.2 推动品牌建设，提升产业效益

产品的质量和品牌是构成产品核心竞争力、保证产品竞争优势的关键着眼点，特别是对高新技术产业而言，高新技术产业的产品质量是企业的名片，也是产业综合实力的集中体现。近年来，质量安全事故屡有发生，也成为欧盟等其他组织打压中国高新技术产业产品出口的一大借口。长江中游城市群的高新技术产业的产品走向世界，应在合理借鉴发达国家质量规范和品牌管理方式的基础上，加大对高新技术产业重点行业、重点领域的质量品牌研究，特别是在航空航天、电力装备、新材料等方面进一步完善质量认证体系的规范。医药行业新版药品生产质量管理规范（GMP）稳步实施，就起到了良好的示范作用，鄂湘赣三省医药企业技术和装备水平、质量保障能力得到了明显提升。要提升高新技术产业的产品质量、全面提升产品的品牌，一方面，需要政府加大对企业质量品牌工作支持力度，为企业营造良好的发展环境；从行业龙头企业开始着手，充分发挥龙头企业在产品研发生产中的示范效应，严把质量关，打造行业精品；优化产业竞争环境，改善行业恶性价格竞争、同质性竞争的现象。另一方面，在政策的感召下，高新技术企业应不断强化主体意识，树立质量品牌

就是核心竞争力的理念，恪守道德底线，合法经营、诚信经营，塑造当代中国高新技术企业优质新形象。

10.4.3　构建创新体系，形成创新合力

建立区域高新技术产业的创新体系，充分发挥政府的导向作用，进一步完善鄂湘赣三省高新技术产业“产学研”的知识创新体系。建立地区性产学研体系的协调机构，协调地区大学、研发机构与高新技术企业关系，定期组织开展地区性交流活动。在研发过程中，注重研发投入过程的风险分摊，将新产品研发过程中的各类风险实现多层次、分阶段的分线转移，采取提成、技术入股、虚拟期权等方式充分发挥各研发主体的活跃性。建立健全高新技术产业技术研发的风险投资机制，将政府投资、企业投入、社会注资、银行集资等多种投资方式进行融合，解决中小高新技术企业在研究和生产过程中的融资难融资贵的问题，提升中小高新技术产业的创新积极性。

人才是推动技术更新和产品更新的力量源泉。制定合理的高新技术产业人才政策，一是要不断完善外来人才的引进机制，通过搭建创新平台、利用国际猎头公司、依托海外人脉关系、高端国际会议、海外技术研发机构等多种渠道和途径吸引海外留学生、归国华侨以及具有海外高新技术产业研究开发经验的高技术人才，鼓励他们将国外的先进技术和生产经验与国内的生产方式相结合。二是构建长江中游城市群本土人才培养和人才成长的用人机制，培养符合市场需求的高技术人才，建立鄂湘赣三省重点发展产业的人才库，并定期召开技术创新和科研成果交流会议，通过线上线下多途径，开展省域人才交流活动。在高新技术企业内部，一方面，充分发挥老专家“传帮带”的帮扶引导作用，另一方面，建立有利于新一代科研人员成长的技术职称机制，激励科研新生力量在自己的岗位上充分发挥自身才智开展创造性的工作。让年轻人有机会脱颖而出，形成高新技术产业新一代具有科技研发和管理才能的中坚力量。

科技成果是科研技术的载体和果实，要不断提升技术转化为生产力、转化为产品的效率。一是要加强对技术专利的保护立法与监管，防止技术盗用、非法嫁接技术等行为的发生。二是要不断推进企业与高校的互动和交流，将技术研发与企业生产需求进行合理对接，从需求端激发研发灵感。三是对于资金困

难的研发团体，通过天使投资等方式对有市场前景的技术研发成果给予支持，加速技术产品化过程。

10.4.4 优化产业环境，促进业态融合

进一步落实国家关于“互联网+”的行动思路，着力推进鄂湘赣三省信息化高速公路的布局，完善网络设施建设。鼓励高新技术产业在现有发展基础上，同其他新产业、新业态不断融合。完善园区的平台建设，完成高新技术产业信息数据平台、人才交流、金融服务、专项服务等多平台的优化工作，运用互联网和大数据技术为大中小高新技术企业的孵化和成长提供有利环境。围绕高新技术产业发展的重点领域和重点项目，建立一批高新技术产业创业的“示范园区”“孵化园区”，着力打造高新技术产业的新增长点。

10.5 立足生态文明建设，促进“中三角”生态保护与经济增长协调发展

鄂湘赣三省应以“共抓大保护、不搞大开发”为规矩和导向，加快构建绿色生态文明治理体系，共同推进岸线保护、共同写好治山理水、显山露水大文章，推动长江中游城市群科学、有序、高质量发展，成为“美丽中国”建设的先行示范区，力争在实现“碳达峰、碳中和”目标的进程中走在全国前列。探索建立大气污染联防联控常态化区域协作机制，强化区域各级空气质量预报中心协同管理，推进预报信息和大气监测数据共享、联网发布；加强污染防治技术交流，共享环保科研成果。加强园林绿化科研机构协商合作交流，促进科研课题跨区域合作，建立成果信息共享机制和资源共享平台。

10.5.1 提高资源环境承载力，提升资源利用产出效率

10.5.1.1 完善资源环境承载力评价，建立动态监测预警体系

一是要突破单一资源、环境要素的承载力评价，开展地质条件、矿产资源、水资源、土地资源、生态阈值、环境容量等多要素的长江中游城市群地区资源环境承载力评价；突破资源环境承载的本底特征分析，开展基于资源环境

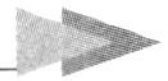

本底特征的资源环境人口承载力、资源环境经济承载力等评价，从而为支撑资源环境可承载的长江中游城市群人口发展布局、经济发展格局提供决策支撑；突破有限期的资源环境承载力评价，开展可持续且具有综合应对能力的资源环境承载力评价，从而增强长江中游城市群建设与发展对资源约束、气候变化及自然灾害等问题的防范与应对能力。

二是进一步改变已有的监测系统管理体制依赖，通过整合水资源、水环境、土地利用、地球化学、气候地质以及经济社会等信息资源，集成长江中游城市群资源环境数据库，从而突破水、土地、气候、地质、生态、环境等资源环境要素的破碎化管理，逐步实现“山、水、林、田、湖”及其与经济社会发展等内在互动、耦合关系的动态预警体系，提升资源环境承载力动态监测与预警的科学性。

三是积极探索多类型相结合的资源环境承载动态预警机制。做到刚性预警与柔性预警相结合，空间预警与质量预警相结合，单一预警与综合预警相结合。从而增强资源环境承载力动态监测与预警机制对城市群地区各个资源环境与经济社会发展管理部门决策的引导性，促进形成资源环境可承载的长江中游城市群发展“合力”。

10.5.1.2　以资源环境承载力为基础，合理布局人口与产业

一是根据资源环境承载力控制开发强度，划定城市增长边界，合理确定城市半径。城市建设用地规模增长速度不得超过城镇人口增长速度，按照紧凑高效原则，合理确定城市新区的人均建设用地定额。

二是规划城市建设用地布局，促进各类建设用地集约化发展，减少建设用地扩张对耕地的侵占和对自然生态空间的蚕食。

三是提升城镇空间利用效率。实施建设用地面积总量控制，促进产业园区与城区基础设施共享，以低污染、低环境风险产业与城市融合协调发展作为未来城市空间拓展、战略型新兴产业布局的前提条件，降低空间失序隐患。严格限制在重化工等高污染、高风险产业为主体的产业集聚区推行产城融合发展，强化重化工等高污染、高风险产业集聚区周边地区的空间管制；严格按照国家相关要求设立生态隔离带。

四是进一步明确沿江、沿湖等地区规划面积较大开发区的功能定位，合理

规划、优化布局，提高工业用地的资源利用产出效率。

10.5.2 依托主体功能区规划，优化国土空间开发格局

10.5.2.1 优化城镇化发展、农业发展以及生态安全格局

“中三角”区域处于我国“两横三纵”交通干线的交汇之处，而且还有长江通道，水陆交通十分便利。未来要进一步构建以武汉、长株潭、南昌为核心的经济轴线，从而促进大中城市以及小城镇的科学分工布局，构造特色鲜明、极具生态效益的生态文明模范区域，促进城市群内部的分工协作，强化基础设施建设和联通，优化空间布局，推动产城融合，引导人口集聚，形成集约高效、绿色低碳的新型城镇化发展格局。

一要优化农业区域的整体格局，促进优势农产品基地的建设，大力发展农产品加工业，从而发挥自身的优势特色。确保农产品的持续供给，优化农业结构，加大绿色农业和特色农业的发展力度，探索都市型特色农业，构建高效益的现代化农业生产体系。不断巩固农业产区的地位，加大基础设施建设力度，重视区域农业生态环境建设，构建生态农业模范区域。

二要加大对长江、汉江等水域的保护力度，构建江湖连通生态工程，形成基于长江、汉江等为主体的生态体系。重视长株潭区域的生态“绿心”保护，加大对洞庭湖以及湘江的保护力度。基于鄱阳湖构建核心保护区，合理控制开发进程，围绕河流以及交通沿线修建生态廊道，提升整个区域的生态环境自我调节能力。

10.5.2.2 优化城市群经济发展空间格局

依据资源禀赋、产业基础和资源环境承载能力，构建城市功能完善、产业布局合理、各具特色的城市经济发展空间格局。

一是推动武汉城市圈一体化发展，全面提升武汉中心城市功能，在科学承接武汉产业绿色化转移的基础上，积极推进鄂州—黄冈—黄石产业分工合作、同城化发展，培育仙桃—潜江—天门、孝感—应城—安陆、咸宁—赤壁—嘉鱼三个城镇密集发展区，根据城市特色和承载能力合理规划城市人口增长。

二是提高长株潭城市群核心竞争力，在优化区域产业分工布局的基础上，推动长沙与株洲、湘潭一体化发展，提高东部开放型经济走廊发展水平，增强

长沙产业集聚能力；加快洞庭湖生态经济区建设，以生态经济为驱动，提升区域发展整体质量。

三是加大鄱阳湖生态经济区域的建设力度，提升整个区域的科技创新能力，打造长江以南新的增长极；以长江岸线保护和可持续开发利用为基础深入推进九江沿江开放开发，促进南昌—九江经济带协调发展。通过长江中游城市群中城市各自比较优势，合理分工、功能互补、错位发展，实现长江中游城市群城市职能结构格局优化。

10.5.2.3　统筹城市群生产、生活、生态空间

从城市群层面而言，要重视城市间跨界生态系统的协调效应，构建一个开敞的绿色空间，加大生态区域的保护，围绕各城市生态空间的衔接，系统规划建设生态廊道。围绕各城市的基本交通概况，重视区域内部的协调性，避免无序蔓延。针对核心城市区域，在规划时要保障不同城市间都有绿色间隔，避免外围城市与核心城市的生活造成不利影响。此外，还要注重整体建设开发的有序发展。

从各城市层面来说，不同的城市都有相应的生态建设目标，通过合理的规划可以促进生态空间网络的形成，系统规划绿地、林地以及湿地等多种类型的生态资源，确立相应的生态控制线，并针对不同区县的生态空间构建相应的管理原则，确保城市的可持续发展。围绕集约化发展的目标，加强生态建设与土地管控，合理控制开发的进程与节奏，利用混合布局等理念指导实际建设，依托公交推动城市发展。充分发挥土地多样性的效用，密切耕地保护和生态功能之间的联系，依据差异化的空间属性，构建起具有特色的“生产、生活、生态”空间，对空间的结构进行合理布局，实现生产空间、生活空间和生态空间有机融合。

10.5.3　加快产业绿色转型，提升城市群生态效率

10.5.3.1　推进资源节约集约利用

节约资源是破解资源瓶颈约束、保护生态环境的首要之策。“中三角”区域要实施自然资源节约集约利用，确保主要资源环境绩效指标与全国平均水平的差距逐步缩小，常规污染物、重金属、持久性有机污染物等排放强度明显降

低，力争2030年区域能源利用效率较2020年提升30%，单位GDP水资源消耗量降低60%左右。严格执行钢铁、建材、火电、纺织、化工企业环境准入制度，进一步制定或完善重点行业清洁生产标准，已建项目加快生产工艺升级改造，清洁生产达到国内先进水平。通过实施技术创新和政策创新等措施，大力发展循环经济、低碳经济和绿色经济，提高单位土地、能源、矿产资源、水资源及动植物资源的产出水平。

10.5.3.2 推进跨区域的产业转移与承接

城市群内部各城市间应能够建立起合理的分工、协作与互补关系。由于长期实行计划经济的影响和自身经济发展所处的阶段，长江中游城市群发展中尚未形成合理的城市分工、协作和互补关系，城市功能定位不清晰，低水平重复建设仍较普遍，城市间产业结构雷同，自身优势发挥不够，没有形成具有核心竞争力的城市产业基础和特色。因此，要建立城市共生体系，依托城市比较优势，发展基础设施相联相通、产业发展互补互促、资源要素对接对流、公共服务共建共享、生态环境联防联控的大中小共生城市体系，实现大中小城市共同发展。通过城市群联动发展，合理引导大城市外迁非核心职能和非优势产业，在中小城市建立非核心功能、职能服务区的形式，降低大城市资源环境消耗规模和人口密度，加快大中小城市的资源要素整合。

10.5.3.3 大力发展绿色产业，促进产业结构升级

要加大经济结构的优化力度，强化产业结构的协调效应。在发展经济的同时，需要注重经济与资源、环境以及人口等因素的协调，重视产业结构的优化升级。促进技术密集型产业及服务业的发展，进一步提升农业机械化、服务业现代化水平。对于第二产业，要强化科研力量，引用先进的技术，提升整体的生产效率和技术含量，促进整个产业结构的优化调整。此外，还要注重信息化水平的运用，逐步提升高新技术在产业中的利用，促进产品附加值的提升，为整个产业的优化调整提供有利的条件。重视发展自身的特色产业，但不能过于偏重某个产业。不同的省市都有各自的资源环境特征，综合区域内外不同城市的优势产业，并在优势产业实现消耗资源技术为主向以节约资源技术为主的转变。另外，绿色产业的融入有助于提升产业竞争力，但重工业化进程里还需要注重高新技术的发展以及新能源产业的发展，提升节能环保产业的效用，促进

核电以及太阳能等新能源产业的发展。

10.5.4　加强生态系统修复，改善生态环境质量

10.5.4.1　实施区域内生态系统保护和修复工程

一是共同制定长江中游城市群内区域性生态修复法规以及生态修复保证金制度，加强对开发建设项目的监管和审批。以环保优先和自然修复为主，维护赣江、湘江、汉江和鄱阳湖、洞庭湖、洪湖、东湖等大江大湖的健康生态；加强对天然林的保护，积极实施退耕还林，在长江中游城市群内生态比较脆弱、水土流失比较严重的区域进行封山育林；对长江中游城市群内的湿地生态实施恢复工程，恢复其湿地功能；以国家级和省级自然保护区为重点，加强对珍稀濒危野生动植物的保护，共同保护城市群的生物多样性。

二是共同推进实施“碧水工程”，加强长江干支流、鄱阳湖、洞庭湖、洪湖等沿岸地区的污染治理，使长江中游城市群水生态、水环境明显改善。此外，要按照主体功能区规划的要求，携手推进重点生态功能区的建设。除了加大财政转移支付力度外，还应积极探索在上中下游地区、重点生态功能区与城市化地区、生态保护区与受益地区之间建立横向的生态补偿机制，促进“中三角”区域各地区生态文明建设协调发展。

10.5.4.2　加强自然保护区生态屏障和“绿心”建设

加强生物多样性保护，加快自然保护区建设。加快生态屏障建设，共建城市群生态绿心。

一是实施封山育林，加强水土流失综合治理，严格依法落实生产建设项目水土保持方案制度，加强各类开发建设项目水土保持监督管理，防止产生新增人为水土流失。

二是推进生态公益林建设，改善林分结构，严格控制林木采伐和采矿等行为，加强自然保护区、风景名胜区、森林公园和地质公园建设，加强生物多样性保护，构建生态优良、功能完善、景观优美的生态网络体系。

三是统筹考虑“绿心”涉及的有关县（市、区）纳入国家重点生态功能区范围问题。不得随意改变自然保护区的性质、范围和功能区划。建设沿江、沿河、环湖水资源保护带、生态隔离带，增强水源涵养和水土保持功能。加强城乡绿化、长江防护林、森林公园等生态建设。

10.5.4.3　加强生态空间管制，促进区域环境质量改善

一是严格执行生态空间管制，确保生态系统功能效用的持续稳定发展。实行严格保护，确保生态保护区面积不减少、区域生态功能不降低，重要生态功能单元保护面积达到30%，各级各类自然保护区面积稳中有增。开发区、饮用水水源一级保护区、重要生态功能区、生态敏感区、长江重要水产种质资源保护区等核心区禁止开发建设活动。依托“山—江—湖”构筑区域生态网络屏障，逐步提升森林生态服务功能，扭转湿地生态系统恶化趋势，积极开展红线区生态修复。

二是合理开发水资源和岸线资源，确保水土资源不超载。促进流域河湖连通性基本稳定，确保长江干流和主要支流生态基流及洞庭湖、鄱阳湖年入湖水量。加强水资源利用红线管理，严格控制区域用水总量过快增加。武汉、长沙、株洲、南昌等地区工业用水率先实现新鲜水零增长，岳阳、咸宁等地优先确保低消耗、低排放和高效益的产业发展取用水，禁止建设高耗水、高污染、低效益的项目。

三是加强自然岸线保护，新建项目不得占用生态岸线，确保长江干流、重要支流生态岸线长度不减少。实施岸线分级管控措施，禁止在长江干流自然保护区、风景名胜区、四大家鱼产卵场等一级管控岸线布局工业类和污染类项目，禁止沿江湿地侵占和岸线开发，优化岸线利用，实施现有工业企业退出机制。不适于港口开发以及渔业资源集中分布的二级管控岸线要限制产业准入口类和发展规模，禁止高污染、高风险产业项目布局，对已建企业开展强制性清洁生产审核，建立“三高”企业退出机制；合理控制水产捕捞规模，发展集约化高优生态渔业，引导现代渔业和生态旅游业发展。在生态敏感性较低、适于港口开发的优化开发岸线合理规划产业口类和发展规模。鄂湘赣三省要从养护长江水生生物资源、保障国家生态安全的高度出发，充分发挥各自职能，强化工作联系和协调配合，加强长江流域跨界水域禁捕执法监管，构建齐抓共管的良好氛围，形成打击破坏渔业资源违法犯罪的合力，务求禁渔工作取得扎实成效。

第 11 章

总结与展望

近年来，国务院多次组织长江经济带建设座谈会，国务院总理李克强也多次在长江经济带城市进行实地考察和指导工作，长江经济带建设已成为协调我国东中西部地区发展的重要枢纽。“中三角”区域作为长江中游地段，具有承上启下的战略意义，在一定程度上决定了长江经济带建设的效果。“中三角”作为“两型社会”建设示范区和鄱阳湖生态经济区所在地，承担着生态文明建设与区域经济发展的双重使命，如何推进两者的协调发展，是摆在“中三角”各地区面前的重要命题。依靠科技创新，积极推动“中三角”区域科技创新体系的协同发展，是保证生态文明建设与区域经济增长协调发展的重要措施。本书以“中三角”区域内武汉城市圈、长株潭城市群和鄱阳湖生态经济区的科技创新体系为研究对象，选取了武汉城市圈的 4 个县（市）、长株潭城市群的 4 个县（市）、鄱阳湖生态经济区的 6 个县（市）进行重点调查，掌握当前科技创新体系建设效果、组成要素、服务体系、管理体制等方面的现状，归纳总结存在的主要问题；探讨实行协同发展战略的必要性与可行性；然后运用协同学原理和系统动力模型剖析“中三角”区域科技创新体系协同发展的机理和动因，对协同发展的影响因素进行分类和提炼；通过构建区域科技创新体系协同发展的评价指标体系，建立协同度测算模型，对“中三角”区域科技创新体系协同发展的过程进行实证分析；最后运用 Agent 决策技术构建科技创新体系协同发展的合作网络，根据博弈论中的合作与竞争模型寻求最佳的联动策略，并提出一系列的政策建议。

11.1 研究总结

“中三角”区域发展战略的形成轨迹，可谓“三年三个阶段”。2012 年 2 月，湘赣鄂三省首次会商共谋“中三角”，这是“中三角”区域发展战略的初步形成阶段；2013 年，三省携手扩大为四省共襄，“长江中游城市群”从呼之欲出到瓜熟蒂落，这是“中三角”区域发展战略演变为“中四角”区域发展战略的扩大阶段；2014 年，安徽被划分到长江下游地区，“中四角”再次回归到“中三角”。至此，“中三角”这个新经济地理概念水到渠成，“中三角”区域发展战略驶入了快车道。

（1）“中三角”区域范围的界定。“中三角”区域可从广义和狭义两个角度来进行界定。广义上的“中三角”是指以三大城市圈为核心、辐射带动下的中部三大省份（湖北、湖南和江西）。狭义上的“中三角”是指以湖北武汉城市圈、湖南长株潭城市群、江西鄱阳湖生态经济区所包含的 7 个中心城市（湖北的武汉，湖南的长沙、株洲、湘潭以及江西的南昌、九江、景德镇）和周边 19 个地市或部分区域形成的城市群落。狭义上的“中三角”区域以武汉城市圈为重要辐射极，联合长株潭城市群、环鄱阳湖城市群等中部经济发达地区，以浙赣线、长江中游交通走廊为主轴，呼应长江三角洲和珠江三角洲的国家规划重点地区和全国区域发展新的增长极。

（2）“中三角”核心城市经济发展、高等教育与科学技术、生态环境方面的比较。从经济发展水平来看，武汉的 GDP 总量最大，其次是长沙，南昌和二者的差距较大，约为武汉的 1/3、长沙的 1/2；长沙的人均 GDP 最高，其次是武汉，南昌最低。从城镇居民生活水平来看，长沙城镇居民人均可支配收入最高，其次是武汉，南昌最低，但三者差距不大。从高等教育和科学技术实力来看，武汉具有显著的优势，长沙也具有一定的优势，而南昌处于较弱的地位。这也决定了“中三角”的科技创新活动应由武汉占据主导地位，长沙积极参与，南昌更多的是承接和配合。从生态环境维护和节能减排的效果来看，三个核心城市都非常重视生态环境的保护，生态建设具有较好的基础。节能减排的效果较好，空气质量、饮用水质、废弃物处理等指标均较好，在国内城市处于前列。

（3）“中三角”区域科技合作取得重要进展和成效。2012 年以来，长江中游城市群科技合作得到了国家层面、省级层面、省会城市、省直科技部门、市直科技部门、科技研究机构、高等院校以及企业的大力支持和全方位参与。近年来，“中三角”省会城市贯彻落实《长江中游城市群暨长沙、合肥、南昌、武汉科技合作协议》精神，在各市政府领导的重视和关心、省会城市科技系统的努力和配合下，坚持突出重点，加大交流、互访与区域合作，开展了卓有成效的工作，取得了良好实效，为区域经济的繁荣、社会的发展提供了强有力的科技支撑。一是积极开展了区域创新合作课题研究；二是推进了科技项目评审评估和科技奖励评审合作；三是深化了省会城市科技成果转化合作；四是促进了科技资源相互开放和共享；五是推进了跨区域技术创新联盟建设。

（4）“中三角”区域协同创新的现状与主要问题。“中三角”区域创新资源丰富，拥有数量众多的高等院校、科研院所、科技中介服务机构等创新主体。截至 2020 年底，“中三角”区域拥有高等院校 240 所，其中，世界一流大学建设高校 5 所，世界一流学科建设高校 7 所；在校大学生（含研究生）358.1 万人，科研机构 4326 家，科研工作者 36.23 万人，其中两院院士 163 人（含柔性引进院士），常年驻地院士 153 人。拥有国家级高新技术产业园区 22 家，高新技术企业 19443 家，国家级科技企业孵化器 116 家。形成了科技创新主体结构多元化、政产学研企多个主体共同参与的区域创新格局。2020 年，“中三角”区域共有 R&D 人员约 36.23 万人，按活动类型划分，基础研究人员约 3.81 万人，占 10.5%；应用研究人员约 5.68 万人，占 15.7%；试验发展人员约 26.74 万人，占 73.8%。武汉城市圈的 R&D 人员数量和经费最多，其次是长株潭城市群，鄱阳湖生态经济区 R&D 人员数量和经费最少。2020 年，“中三角”区域所有工业企业和研究机构全年完成新产品产值 8245.78 亿元，全年实现新产品销售收入 8632.06 亿元，申请专利 42223 件，其中发明专利 19300 件，占 43%；获得专利授权 6075 件，其中发明专利授权 3195 件，占 52.7%；发表科技论文 239284 篇，出版著作 6649 种。尽管“中三角”区域在协同发展方面有着先天的优势，但从整体发展来说，并没有很好体现出协同发展的效果。“中三角”区域科技创新体系在协同发展方面存在以下几个主要问题：一是三大区域经济结构趋同现象比较明显；二是行政分割现象比较突出，行政区划阻碍较严重；三是区域合作机制不健全，合作的广度和深度均不够；四是生态环境保护压力加大，合作顾虑较多。

（5）“中三角”区域协同创新网络的实证分析。武汉城市圈、长株潭城市群、鄱阳湖生态经济区三大区域科技创新体系五个序参量的协同度均呈逐年上升的趋势，说明三大区域的科技创新一体化进程取得了一定的成效。从五个序参量的协同度来看，每年都是创新绩效的协同度最高，其次是知识应用，知识创造的协同度最低，说明三大区域内的知识创造和自由流动、共享机制等还存在一定的障碍。2012～2020 年，中三角区域内科技创新体系协同度最高的都是长株潭城市群，且其群内城市间科技创新体系协同度的差距最小，说明其科技创新一体化程度是最高的。其次是武汉城市圈，最低的是鄱阳湖生态经济区，由此可见，当前武汉城市圈和长株潭城市群科技创新体系的协同发展具有较好的基础，而鄱阳湖生态经济区科技创新体系的协同发展则存在较大的障碍。2011～2020 年，“中三角”区域科技创新体系整体协同度在不断提高。在 2013 年之前，“中三角”三省之间尚未建立合作框架，三个城市群之间的区域科技创新体系整体协同度非常低，不足 0.1。2013～2016 年，三个城市群之间开始建立稳定的合作机制，区域协同创新整体协同度开始逐步上升，尤其是 2015 年随着三个城市群及其省会城市间科技合作不断向纵深推进，“中三角”区域科技创新体系整体协同度得到了较大幅度的提升。这四年里面，“中三角”区域的各个省市在推动区域科技创新体系协同发展方面做了很多工作，这也是整体协同度不断提高的主要原因，但这些工作还远远不够，很多只是停留在政策文件和合作框架协议上，没有具体落实，实际工作中也存在较大的协同发展障碍。2017～2020 年，“中三角”区域科技创新体系整体协同度达到了较高水平，这主要受益于鄂湘赣三省的科技协同创新得到了大力推进，省级政府之间、省会城市之间、省直科技行政部门之间、省会城市科技行政部门之间开展了多层次多领域的科技合作，推动了“中三角”区域科技创新体系整体协同度的大幅提升。

（6）构建“中三角”跨区域协同创新网络的必要性与可行性。从地理区位和自然禀赋来看，“中三角”区域均为中部地区腹地，同处长江中游地段，

有着得天独厚的区位优势。从经济发展与产业布局来看，“中三角”各子区域均是所在省份的龙头，辐射效应明显，具有抱团发展的基础和优势。从生态文明建设来看，武汉城市圈和长株潭城市群是国家 2007 年批准的全国资源节约型和环境友好型“两型社会”建设试验区，鄱阳湖生态经济区是 2009 年国家批复的生态文明建设试验区。因此，“中三角”在生态文明建设中共同承担着发展经济与环境保护的重要使命，是探索区域经济增长与生态环境保护协调发展的践行者。随着长江中游城市群三省框架协议的签署，武汉城市圈与长株潭城市群、鄱阳湖生态经济区的多部门、宽区域、广领域的区域合作逐渐展开。目前，在“中三角”构建的背景下，武汉城市圈与长株潭城市群、鄱阳湖生态经济区的区域合作主要集中在以下几个领域：一是建立了四省会城市合作新的体制机制；二是推动了四省会城市经济发展协同合作；三是加速推进了共建共享共治的基本公共服务体系；四是加快建设了市场监管、公共资源交易一体化体系；五是实现城市间交通基础设施互联互通；六是大力推动了长江经济带绿色发展。

（7）生态文明建设与“中三角”区域协同创新的内在关联。转变经济发展方式是生态文明建设的重要途径，依靠科技进步和创新，走集约型增长和可持续发展道路则是转变经济发展方式的重要路径。而仅靠单个主体或单一区域的创新已不能实现上述目标，不同主体和区域间必须开展有效协作，通过协同创新来实现共同目标。“中三角”作为两型社会建设试验区和生态经济区所在地，生态环境是进行区域协同创新的重要影响变量，而构建跨区域协同创新网络则能大力促进生态文明建设。加快长江中游城市群的产业结构优化升级，减少第二产业占比，增加第三产业占比，有利于提高长江中游城市群的生态效率。长江中游地区在加大科技投入的时候，应该把较多的资金投入环保行业，与此同时，更要注重科研成果的转化，尤其是生态环境科技成果的转化，从而改善环境，提升生态效率水平。政府应该合理加强环境规制的强度，同时，可以探索市场化的环境规制政策，使环境规制能够显著促进长江中游城市群生态效率的改善。因地制宜，大力推进生态化技术创新，实现各产业的生态化发展，是推进“中三角”协同创新的关键。“中三角”创新主体应该在生态化技术领域争取有重要突破，把生态化科技作为协同创新的重点领域。

（8）“中三角”跨区域协同创新网络的影响因素。“中三角”跨区域创新系统协同发展的影响因素可大致划分为创新主体、创新资源、创新环境三个方面。其中创新主体因素包括政府（含省、市、县等各级政府）、企业（国有及国有控股大型企业、民营企业、高科技企业、外资企业等）、高等院校、科研院所、投融资机构、专业中介服务机构等；创新资源因素包括信息、知识、技术、资金、设备等；创新环境因素包括法律法规、政策、制度、体制、机制、文化、基础设施等。这些影响因素范围非常广，几乎包括了系统内外的所有因素，共同影响着跨区域创新系统的协同发展进程。从各因素对“中三角”跨区域协同创新网络的推动作用大小来看，“中三角”跨区域协同创新网络很大程度上受到创新资源投入（财力、人力等）的影响，并逐步形成了“以资本驱动为主，人才驱动为辅”的发展模式。总的来看，引资能力、资本投入、教育环境、人力资本对“中三角”区域各城市的创新能力发展具有明显的推动作用。“中三角”跨区域协同创新网络中心虽然在空间上与周边城市呈现“HL型”关系，但是得益于“中三角”区域中心武汉、长沙、南昌创新能力的强劲发展以及最近几年“中三角”区域内部协调机制的快速发展，使武汉、长沙、南昌对周边城市创新能力的发展依然有着显著的拉动作用，“中三角”跨区域协同创新网络在整体上依然存在较为显著的正向空间溢出效应。

（9）生态文明视阈下“中三角”跨区域协同创新网络的发展对策。总体思路：一要以机制体制创新为核心，消除跨区域协同创新网络运行的制度障碍；二要以“三化同步”为路径，为跨区域协同创新网络的运行提供动力；三要以“美丽中三角”为方向，将生态文明理念融入跨区域协同创新网络；四要以区域共赢为目标，不断深化跨区域协同创新网络的合作框架。为落实上述发展思路，本书提出了四个方面的对策建议。一是大力加强顶层设计，持续深化“中三角”区域协同创新合作。具体措施包括：不断完善“中三角”区域协同创新会商机制；认真贯彻落实“中三角”合作协议和行动方案；构建协同创新大平台，打造重要创新策源区；推动新兴产业大融合，构建区域协同新网络。二是政产学研用一体化，实现“中三角”创新主体的对接与转化。具体措施包括：建立跨区域合作平台，促进区域跨学科协同创新；打破政产学研用藩篱，拓展区域协同创新空间；营造优良的创新环境，打造区域协同创新

高地；大力发展“中游智造”，为中国工业 4.0 提供支撑。三是产业集群错位发展，提升“中三角”高新技术产业核心竞争力。具体措施包括：延伸产业链条，强化规模效应；推动品牌建设，提升产业效益；构建创新体系，形成创新合力；优化产业环境，促进业态融合。四是立足生态文明建设，促进“中三角”生态保护与经济增长协调发展。具体措施包括：一是提高资源环境承载力，提升资源利用产出效率；二是依托主体功能区规划，优化国土空间开发格局；三是加快产业绿色转型，提升城市群生态效率；四是加强生态系统修复，改善生态环境质量。

11.2　不足之处

在本书的写作过程中，笔者深入武汉城市圈、长株潭城市群和鄱阳湖生态经济区内的多个县市开展了实地调研，获得了丰富的调研资料，基本完成了预期研究目标。但“中三角”跨区域协同创新网络本身是个较为复杂的系统问题，本书只是作了一些探索性研究，目的在于推进“中三角”区域科技创新体系的协同发展。但限于笔者水平、获取材料的艰难性、研究方法的不足等原因，本书还存在以下不足之处。

（1）研究样本的有限性。“中三角”区域的特殊性在于它的多层次性，第一层面是“群群合作”，即区域内武汉城市圈、长株潭城市群和鄱阳湖生态经济区三大城市群的合作；第二层面是“汉长昌”三个核心城市的合作；第三层面是三省临界相邻城市的合作，如湖北咸阳、湖南岳阳和江西九江三个城市之间的合作。根据这种多层次性特征，笔者分别到武汉城市圈的 4 个县（市）、长株潭城市群的 4 个县（市）、鄱阳湖生态经济区的 6 个县（市）进行了重点调查，基本掌握了三大城市群科技创新体系建设效果、组成要素、服务体系、管理体制等方面的现状，归纳总结了存在的主要问题。被调查的这些样本在各个城市群中具有较大的代表性，能较好地反映三大城市群科技创新体系的相关状况。但“中三角”区域涉及了近百个县市，选取的样本地区可能还不足以反映整个“中三角”区域的普遍情况。

（2）研究方法的局限性。根据本书的研究需要，笔者先后运用了问卷调查、专题座谈、比较研究、群组决策分析、协同度测算模型等定性分析与定量分析相结合的方法来进行研究。通过这些研究方法，归纳和总结了“中三角”区域协同创新的现状和存在的主要问题，探讨了构建“中三角”跨区域协同创新网络的必要性与可行性，剖析了“中三角”区域协同创新网络的内在机理、参量系统、影响因素、构建策略等，提出了促进“中三角”跨区域协同创新网络运行的对策。但是，这些研究方法主要是借鉴了现有文献中的成熟方法，还有系统动力模型、神经网络分析等先进的定量方法未得到应用。

（3）政策建议的操作性需要进一步加强。应用对策型研究的主要目的就是为相关政府部门决策时提供有益参考，本书所提出的政策建议可供国务院有关部门、“中三角”地区相关政府部门决策时参考。但由于部分政策建议是建立在前文实证分析基础之上的，具有较强的理论性，在可操作性方面可能会有所欠缺。

11.3 研究展望

在长江经济带建设的战略部署下，“中三角”经济区的建设也迎来了黄金发展时期，“中三角”有望成为继长三角、珠三角和环渤海之后中国经济增长的“第四极”。武汉城市圈、长株潭城市群“两型社会”试验区和鄱阳湖生态经济区承担着促进生态文明建设和区域经济增长协调发展的共同使命，使得湖北、湖南、江西三省的战略合作也更加紧密和频繁。“群群合作”“汉长昌合作”“咸岳九合作”等不同层面在旅游资源开发、教育医疗资源共享、公共交通设施一体化等领域的合作已相继展开，科技创新领域的合作也将逐步开展和深化。可以预见的是，“中三角”区域科技创新体系将向纵深层次推进，三大区域的政府部门、高等院校、科研院所、高新企业、科技中介等创新主体将携手搭建创新资源共享平台，促进创新要素的资源流动，充分发挥增长极的辐射带动作用。“中三角”区域的特色在于是“两型社会”建设示范区和生态经济区，生态文明理念将贯穿科技创新体系协同发展的整个过程。随着科技创新体系协同发展的推进，将形成区域协同创新网络。因此，如何打造生态文明理念下的“中三角”跨区域协同创新合作网络，充分发挥协同创新网络的集聚效

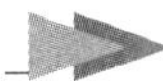

应，将是今后的研究重点。展望未来，笔者将对鄂湘赣三省如何共同推进“三区”（东湖国家自主创新示范区、长株潭国家自主创新示范区、鄱阳湖国家自主创新示范区）、“三走廊”（光谷科技创新大走廊、长株潭科技创新走廊、赣江两岸科创大走廊）合作对接进行系统化研究。

参考文献

［1］白永亮．区域环保合作制度创新的路径选择：武汉城市圈环保合作研究［J］．科技进步与对策，2012（2）：49－54.

［2］鲍升华，陈黎．论“中三角”文化共同体的建设［J］．理论月刊，2013（7）：156－159.

［3］蔡坚．中三角城市群空间经济联系及动态变化分析［J］．技术经济与管理研究，2013（9）：114－118.

［4］蔡永强，熊小刚．鄱阳湖生态经济区科技创新能力的聚类分析与评价［J］．江西财经大学学报，2013（3）：94－102.

［5］蔡钰．“两型社会”背景下新型生态化产业集群发展模式研究——以武汉城市圈为例［J］．湖南财政经济学院学报，2014（5）：131－136.

［6］曹玮．基于突变级数法的“两型社会”建设动态趋势评价——以长株潭城市群为例［J］．统计与信息论坛，2012（2）：67－71.

［7］曹兴，李文．创新网络结构演化对技术生态位影响的实证分析［J］．科学学研究，2017（5）：792－800.

［8］曾国屏，苟尤钊，刘磊．从“创新系统”到“创新生态系统”［J］．科学学研究，2013（1）：4－12.

［9］曾赛星，陈宏权，金治州，等．重大工程创新生态系统演化及创新力提升［J］．管理世界，2019（4）：28－38.

［10］陈丹宇．长三角区域创新系统中的协同效应研究［D］．杭州：浙江大学博士学位论文，2010.

［11］陈凤娣．论科技创新的运行机制［D］．福州：福建师范大学硕士学

位论文，2008.

［12］陈健，高太山，柳卸林，等．创新生态系统：概念、理论基础与治理［J］．科技进步与对策，2016（17）：153－160.

［13］陈劲．协同创新与国家科研能力建设［J］．科学学研究，2011（12）：1762－1763.

［14］陈劲．新形势下产学研战略联盟创新与发展研究［M］．北京：中国人民大学出版社，2009.

［15］陈劲，阳银娟．协同创新的理论基础与内涵［J］．科学学研究，2012（2）：161－164.

［16］陈劲，阳银娟．协同创新的驱动机理［J］．技术经济，2012（8）：6－11.

［17］陈路．环境规制二重性：抑制还是促进技术进步——来自武汉城市圈的证据［J］．科技进步与对策，2017（12）：43－48.

［18］陈鹏．中三角产业发展差距的比较研究［J］．企业导报，2013（17）：11－14.

［19］陈蓉，石国进．武汉城市圈成为中部经济杠杆的可行性研究［J］．湖北社会科学，2012（2）：66－69.

［20］陈文华，关小燕，刘善庆．产业低碳化与生态文明实现路径——以鄱阳湖生态经济区为例［J］．管理世界，2011（1）：170－171.

［21］陈文俊．长株潭区域协同创新体系建设研究［J］．湖南科技大学学报（社会科学版），2005（3）：76－81.

［22］陈先强．武汉城市圈经济辐射效应研究［J］．湖北社会科学，2011（12）：71－73.

［23］楚芳芳，蒋涤非．基于能值理论的长株潭城市群一体化研究［J］．科技进步与对策，2012（5）：45－50.

［24］崔永华，王冬杰．区域民生科技创新系统的构建——基于协同创新网络的视角［J］．科学学与科学技术管理，2011（7）：86－92.

［25］单初，彭华涛．区域科技创新体系构架的动力机制［J］．科技管理研究，2005（12）：93－95.

[26] 邓龙安. 战略性新兴产业科技创新体系建设路径选择研究 [J]. 科学管理研究, 2012 (2): 37-41.

[27] 丁荣贵, 张宁, 李媛媛. 产学研合作项目双中心社会网络研究 [J]. 科研管理, 2012 (12): 86-93.

[28] 董铠军. 创新生态系统的本质特征与结构——结合生态学理论 [J]. 科学技术哲学研究, 2018 (5): 118-123.

[29] 董铠军. 微观视角下创新生态系统研究: 概念与界定 [J]. 科技进步与对策, 2017 (8): 9-14.

[30] 杜兰英, 陈鑫. 政产学研用协同创新机理与模式研究——以中小企业为例 [J]. 科技进步与对策, 2012 (22): 103-107.

[31] 范太胜. 基于产业集群创新网络的协同创新机制研究 [J]. 中国科技论坛, 2008 (7): 26-30.

[32] 方炜, 王莉丽. 协同创新网络的研究现状与展望 [J]. 科研管理, 2018 (9): 30-41.

[33] 方炜, 王莉丽. 协同创新网络演化模型及仿真研究 [J]. 科学学研究, 2018 (7): 1294-1304.

[34] 付丽娜, 贺灵, 邱建华. 基于生态视角的长株潭城市群创新系统协调性分析 [J]. 湖南科技大学学报 (社会科学版), 2013 (3): 18-22.

[35] 付颖. 基于自组织理论的科技创新集群形成机理研究 [D]. 秦皇岛: 燕山大学硕士学位论文, 2010.

[36] 盖文启. 创新网络——区域经济发展新思维 [M]. 北京: 北京大学出版社, 2002.

[37] 高丽娜, 蒋伏心, 熊季霞. 区域协同创新的形成机理及空间特性 [J]. 工业技术经济, 2014 (3): 25-32.

[38] 葛秋萍, 汪明月. 基于不对称 Nash 谈判修正的产学研协同创新战略联盟收益分配研究 [J]. 管理工程学报, 2018 (1): 79-83.

[39] 龚常. 长株潭城市群区域产业生态创新系统仿真研究 [J]. 经济地理, 2019 (7): 22-30.

[40] 龚江丽, 谢正观. 鄱阳湖生态经济区生态经济区划研究 [J]. 中国

人口资源与环境，2011（S2）：87－91.

［41］顾丽琴，邱佳韵．创新基金促进鄱阳湖生态经济区建设的实证研究［J］．科技管理研究，2011（22）：82－86.

［42］顾新．区域创新系统的运行［J］．中国软科学，2001（11）：104－108.

［43］郭建杰，谢富纪．基于ERGM的协同创新网络形成影响因素实证研究［J］．管理学报，2021（1）：91－98.

［44］何海燕，王子文，姜李丹，等．我国产学研协同创新影响因素研究——基于Ordered Logit模型实证分析［J］．华东经济管理，2014（9）：106－110.

［45］何天祥．环长株潭城市群技术进步及空间溢出效应研究［J］．经济地理，2014（5）：109－115.

［46］何郁冰，伍静．企业生态位对跨组织技术协同创新的影响研究［J］．科学学研究，2020（6）：1108－1120.

［47］贺欢欢，吕斌．长株潭城市群经济联系测度研究［J］．经济地理，2014（7）：67－74.

［48］贺曲夫，刘友金，向云波．长株潭城市群区域整合与行政管理体制创新研究［J］．湖南科技大学学报：社会科学版，2013（5）：128－134.

［49］［德］赫尔曼·哈肯．协同学——大自然构成的奥秘［M］．凌复华译．上海：上海译文出版社，2005.

［50］胡艺．武汉城市圈区域创新能力建设研究［J］．武汉大学学报（哲学社会科学版），2013（1）：87－91.

［51］黄海霞，陈劲．创新生态系统的协同创新网络模式［J］．技术经济，2016（8）：31－37.

［52］黄梅，甘德欣，唐常春．“两型社会”背景下长株潭生态工业网络构建研究［J］．经济地理，2011（2）：271－276.

［53］纪玉山，张忠宇．科技创新体系的动力机制设计［J］．技术经济与管理研究，2009（2）：23－27.

［54］江永清，付德庆．鄱阳湖生态经济区农村公共服务政策创新研究

[J]. 求实，2013（8）：54－59.

[55] 姜竹，王雪坤. 支持科技创新体系建设的财政政策效应分析 [J]. 地方财政研究，2012（11）：35－41.

[56] 蒋金法，李杰玲. 区域循环经济发展水平评价的实证分析——基于鄱阳湖生态经济区 12 县市数据 [J]. 江西社会科学，2013（12）：40－45.

[57] 蒋兴华. 区域科技创新能力评价体系构建及综合评价实证研究 [J]. 科技管理研究，2012（14）：64－68.

[58] 蒋阳，陈建清. 协同学视域：长江三角洲经济区域内的科学技术协作 [J]. 科技与经济，2003（6）：21－24.

[59] 解学梅. 都市圈协同创新机理研究：基于协同学的区域创新观 [J]. 科学技术哲学研究，2011（1）：95－99.

[60] 解学梅，王宏伟. 开放式创新生态系统价值共创模式与机制研究 [J]. 科学学研究，2020（5）：912－924.

[61] 解学梅，曾赛星. 创新集群跨区域协同创新网络研究述评 [J]. 研究与发展管理，2009（1）：9－17.

[62] 靳海攀，郑林，张敬伟. 基于时间距离的鄱阳湖生态经济区经济联系变化网络分析研究 [J]. 经济地理，2013（6）：148－154.

[63] 雷欣. 武汉城市圈产业一体化的绩效评估与对策研究 [J]. 武汉大学学报（哲学社会科学版），2013（1）：92－97.

[64] 李柏洲，苏屹. 区域科技创新能力评价体系的优化及实证分析 [J]. 情报杂志，2009（8）：80－83.

[65] 李璧. 基于战略联盟的协同创新绩效与绩效评价研究 [J]. 科学管理研究，2016（2）：5－8.

[66] 李灿，徐映梅. 长株潭城市群水资源承载力的实证研究 [J]. 统计与信息论坛，2011（5）：86－91.

[67] 李丹，孙萍，王洪川. 国外科技创新体系建设措施及启示 [J]. 科技管理研究，2009（11）：75－78.

[68] 李飞龙，李贵龙，吴世园. 长株潭两型社会建设科技自主创新体系研究 [J]. 湖南大学学报（社会科学版），2010（7）：156－160.

［69］李虹，张希源．区域生态创新协同度及其影响因素研究［J］．中国人口·资源与环境，2016（6）：43－51.

［70］李金滟．中三角城市群多维能级梯度分析与绿色崛起路径研究［J］．统计与决策，2012（9）：121－124.

［71］李娟．“中三角”中国经济增长第四级的SWOT及对策［J］．理论导报，2014（1）：32－33.

［72］李兰冰．区域创新网络的多层次发展动因与演进机制研究［J］．科技进步与对策，2008（11）：45－48.

［73］李琳，戴姣兰．中三角城市群协同创新驱动因素研究［J］．统计与决策，2016（23）：119－123.

［74］李琳，彭璨．长江中游城市群协同创新空间关联网络结构时空演变研究［J］．人文地理，2020（5）：94－102.

［75］李仁贵．西方区域发展理论的主要流派及其演进［J］．经济评论，2005（6）：57－62.

［76］李葳，王宏起．区域科技创新平台体系建设与运行策略［J］．科技进步与对策，2012（6）：10－13.

［77］李曦，彭品贺．新型城镇化背景下地方科技创新体系建设研究［J］．科技进步与对策，2014（8）：27－31.

［78］李晓锋．“四链”融合提升创新生态系统能级的理论研究［J］．科研管理，2018（9）：113－120.

［79］李星宇，曹兴，马慧．长株潭地区新兴技术企业间协同创新影响因素与机制研究［J］．经济地理，2017（6）：122－128.

［80］李雪松，孙博文．长江中游城市群区域一体化的测度与比较［J］．长江流域资源与环境，2013（8）：996－1003.

［81］李雪松，夏怡冰．基于层次分析的武汉城市圈“两型社会”建设绩效评价［J］．长江流域资源与环境，2012（7）：809－815.

［82］李煜华，武晓锋，胡瑶瑛．基于演化博弈的战略性新兴产业集群协同创新策略研究［J］．科技进步与对策，2013（1）：1－4.

［83］李玥，郭航，王宏起，等．基于扎根理论的联盟协同创新激励要素

及作用机制［J］．中国科技论坛，2020（8）：129－137.

［84］李志飞，夏磊．中三角区域旅游一体化发展战略研究［J］．湖北大学学报（哲学社会科学版），2013（3）：124－128.

［85］李忠．长株潭试验区两型社会建设调研报告［J］．宏观经济管理，2012（1）：53－55.

［86］梁明壮．鄱阳湖生态经济区战略性新兴产业发展策略研究——基于SWOT分析［J］．九江学院学报（自然科学版），2018（4）：12－14.

［87］林勇，张昊．开放式创新生态系统演化的微观机理及价值［J］．研究与发展管理，2020（2）：133－143.

［88］刘承良，段德忠，余瑞林，等．武汉城市圈社会经济与资源环境系统耦合作用的时空结构［J］．中国人口·资源与环境，2014（5）：145－152.

［89］刘承良，颜琪，罗静．武汉城市圈经济资源环境耦合的系统动力学模拟［J］．地理研究，2013（5）：857－869.

［90］刘承良，余瑞林，李云．武汉城市圈经济—资源—环境系统发展的时空特征［J］．软科学，2012（6）：60－64.

［91］刘丹，闫长乐．协同创新网络结构与机理研究［J］．管理世界，2013（12）：1－4.

［92］刘红峰．科技创新促进长株潭经济增长的微观机理研究［J］．中南林业科技大学学报（社会科学版），2010（6）：71－74.

［93］刘华，陈金勇．“中三角”高技术产业科技资源协同创新研究［J］．科学管理研究，2015（2）：28－31.

［94］刘进梅，林青．“两型社会”区域协同创新的政策分析［J］．商业时代，2008（31）：4－5.

［95］刘军．整体网分析讲义：UCINET软件实用指南（第二版）［M］．上海：格致出版社，2014.

［96］刘珊，梅国平．公众参与生态文明城市建设有效表达机制的构建——基于鄱阳湖生态经济区居民问卷调查的分析［J］．生态经济，2014（2）：41－44.

［97］刘翔，曹裕．两型社会视角下的区域协调发展评价研究——基于长

株潭城市群的实证分析 [J]. 科技进步与对策，2011 (6)：108 - 113.

[98] 刘耀彬，白彩全，李政通，等. 环鄱阳湖城市体系规模结构变动——基于创新扩散的解释 [J]. 经济地理，2015 (4)：62 - 69.

[99] 刘颖，胡珑瑛，王钢. 分布式协同创新网络中任务冲突机理研究 [J]. 管理世界，2017 (7)：180 - 181.

[100] 刘宇泰. 基于协同学的科技创新机制研究 [D]. 昆明：昆明理工大学硕士学位论文，2007：12.

[101] 柳卸林，王倩. 面向核心价值主张的创新生态系统演化 [J]. 科学学研究，2021 (6)：962 - 964.

[102] 柳卸林. 区域创新体系成立的条件和建设的关键要素 [J]. 中国科技论坛，2003 (1)：18 - 23.

[103] 卢爱国. 城市群行政管理体制改革：国际经验与长株潭选择 [J]. 湖南师范大学社会科学学报，2013 (6)：46 - 52.

[104] 卢福财，朱文兴. 鄱阳湖生态经济区工业生态效率研究——基于区域差异及其典型相关视角 [J]. 华东经济管理，2013 (12)：75 - 80.

[105] 卢明珠，尹发能. 武汉城市圈城镇体系空间分形研究 [J]. 地域研究与开发，2013 (4)：64 - 68.

[106] 陆小成. 区域低碳创新系统空间布局研究：以武汉城市圈为例 [J]. 科技进步与对策，2012 (2)：45 - 49.

[107] 栾晓梅. "两型社会" 视角下武汉城市圈产业集群发展分析 [J]. 湖北社会科学，2012 (4)：50 - 53.

[108] 吕添贵，吴次芳，游和远. 鄱阳湖生态经济区水土资源与经济发展耦合分析及优化路径 [J]. 中国土地科学，2013 (9)：3 - 10.

[109] 毛磊，谢富纪，凌峰. 多维邻近视角下跨区域协同创新影响因素实证研究 [J]. 科技进步与对策，2017 (8)：37 - 44.

[110] 毛义华，曹家栋，方燕翎. 新型研发机构协同创新网络模型构建 [J]. 科技管理研究，2021 (3)：76 - 82.

[111] 梅国平，甘敬义，朱四荣. 生态文明建设中公众参与机制探索——以江西鄱阳湖生态经济区为例 [J]. 江西社会科学，2013 (8)：

63 – 67.

[112] 苗振青．科技创新体系促进战略性新兴产业发展的作用机制分析[J]．河北农业大学学报，2012（4）：453 – 457.

[113] 欧光军，杨青，雷霖．国家高新区产业集群创新生态能力评价研究[J]．科研管理，2018（8）：63 – 71.

[114] 欧阳煌．“长三角”发展经验对“长株潭”之“两型社会”建设的借鉴与启示[J]．经济研究参考，2013（50）：41 – 46.

[115] 潘安娥，杨青．“两型社会”协调发展评价——基于武汉城市圈的实证[J]．统计与决策，2013（9）：109 – 112.

[116] 潘锡杨，李建清．区域协同创新的“火箭模型”及其机理研究[J]．科技进步与对策，2014（15）：30 – 34.

[117] 潘郁，陆书星．大数据环境下产学研协同创新网络生态系统架构[J]．科技进步与对策，2014（8）：1 – 4.

[118] 彭迪云，许涵．鄱阳湖生态经济区：建设生态文明的探索和创新[J]．求实，2010（10）：56 – 59.

[119] 彭继增，刘逸琨，王宇昕．鄱阳湖生态经济区可持续发展评价[J]．江西社会科学，2011（7）：244 – 249.

[120] 祁明，林晓丹．基于TRIZ论区域创新生态系统的构建[J]．科技管理研究，2009（9）：444 – 446.

[121] 秦立春，傅晓华．基于生态位理论的长株潭城市群竞合协调发展研究[J]．经济地理，2013（11）：58 – 62.

[122] 秦尊文．“中三角”建设进展及未来的黄金价值[J]．学习月刊，2012（13）：28 – 29.

[123] 秦尊文．以生态文明理念打造“美丽中三角”[J]．理论月刊，2013（6）：5 – 9.

[124] 饶鉴．基于景区品牌传播的景区品牌建设——以中三角地区抽样统计为例[J]．统计与决策，2014（5）：112 – 116.

[125] 饶扬德．市场、技术及管理三维创新协同机制研究[J]．科学管理研究，2008（4）：46 – 49.

［126］尚林．企业协同创新网络构建与网络效率影响因素研究［J］．科学管理研究，2015（3）：72－75.

［127］沈菊华．我国区域科技创新能力评价体系的研究和应用［J］．经济问题，2005（8）：27－29.

［128］石薛桥，薛文涛．基于生态位理论的中部六省高校科技创新能力评价［J］．经济问题，2020（11）：119－123.

［129］宋华，陈思洁．高新技术产业如何打造健康的创新生态系统：基于核心能力的观点［J］．管理评论，2021（6）：76－84.

［130］宋述东．区域科技创新体系建设思考［J］．管理观察，2012（23）：188－189.

［131］宋智勇．中部六大城市群一体化发展研究［J］．宏观经济管理，2011（8）：33－34.

［132］孙天阳，成丽红．中国协同创新网络的结构特征及格局演化研究［J］．科学学研究，2019（8）：1498－1505.

［133］孙逊，孙峰．创新型国家科技创新体系建设的有益经验及启示［J］．中国高新技术企业，2012（25）：3－5.

［134］孙智君，周滢．中三角区域新型工业化水平测度［J］．统计与决策，2013（2）：46－49.

［135］覃荔荔，王道平，周超．综合生态位适宜度在区域创新系统可持续性评价中的应用［J］．系统工程理论与实践，2011（5）：927－935.

［136］唐承丽，郭夏爽，周国华，等．长江中游城市群创新平台空间分布及其影响因素分析［J］．地理科学进展，2020（4）：531－541.

［137］汪勰．城乡统筹与区域统筹的相容性——来自武汉城市圈的实践［J］．城市发展研究，2012（12）：60－65.

［138］王聪，周立群，朱先奇．基于人才聚集效应的区域协同创新网络研究［J］．科研管理，2017（11）：27－37.

［139］王发明，朱美娟．创新生态系统价值共创行为协调机制研究［J］．科研管理，2019（5）：71－79.

［140］王海花，孙芹，杜梅，等．长三角城市群协同创新网络演化及形

成机制研究——依存型多层网络视角［J］. 科技进步与对策，2020（9）：69－78.

［141］王海花，孙芹，郭建杰，等. 长三角城市群协同创新网络演化动力研究：基于指数随机图模型［J］. 科技进步与对策，2021（9）：36－43.

［142］王晶，孔凡斌. 区域产业生态化效率评价研究——以鄱阳湖生态经济区为例［J］. 经济地理，2012（12）：101－107.

［143］王燕. 区域科技创新能力评价体系的建立［J］. 统计与管理，2013（4）：57－59.

［144］王莹. 科技创新体系建设对地方经济发展的影响［J］. 兰州学刊，2013（11）：223－224.

［145］王章豹，韩依洲，洪天求. 产学研协同创新组织模式及其优劣势分析［J］. 科技进步与对策，2015（2）：24－29.

［146］王子龙，谭清美，许箫迪. 策略联盟及其协同创新模型研究［J］. 管理评论，2006（3）：59－63.

［147］危怀安，平霰. 区域协同视角下城市群科技创新与经济产出效率时空分异研究——以武汉城市圈为例［J］. 科技进步与对策，2019（11）：40－45.

［148］危怀安，王婉娟. 生态关系对国家重点实验室协同创新系统稳定性影响研究［J］. 科技进步与对策，2015（2）：1－7.

［149］魏后凯，成艾华. 携手共同打造中国经济发展第四极——长江中游城市群发展战略研究［J］. 江汉论坛，2012（4）：5－10.

［150］魏后凯. 现代区域经济学［M］. 北京：经济管理出版社，2006.

［151］魏江，赵雨菡. 数字创新生态系统的治理机制［J］. 科学学研究，2021（6）：965－969.

［152］魏霄，孟科学. 武汉城市圈经济辐射机理探析——基于复杂性系统论视角［J］. 华东经济管理，2016（5）：73－80.

［153］温如春，狄强，刘晶晶. 中三角产业发展差距的比较研究［J］. 武汉工业学院学报，2013（3）：102－105.

［154］吴凤章. 生态文明构建理论与实践［M］. 北京：中央编译出版

社，2008.

［155］吴家庆，卿孟军．长株潭一体化与行政管理体制的变革［J］．湖南师范大学社会科学学报，2012（6）：37－41.

［156］吴绍波．战略性新兴产业创新生态系统协同创新的治理机制研究［J］．中国科技论坛，2013（10）：5－9.

［157］吴悦，顾新．产学研协同创新的知识协同过程研究［J］．中国科技论坛，2012（10）：17－23.

［158］吴钊阳，邵云飞，冯路．资源基础理论视角下的协同创新网络演化机制与模型研究［J］．电子科技大学学报，2020（4）：530－536.

［159］习明明，张进铭．“中三角”城市群研究：基于引力模型的视角［J］．中国井冈山干部学院学报，2012（6）：128－134.

［160］向俊发．后发地区科技创新体系的协同研究［D］．南宁：广西大学硕士学位论文，2006.

［161］向芸芸，蒙吉军．基于生态效益的武汉城市圈土地利用结构优化［J］．长江流域资源与环境，2013（10）：1297－1304.

［162］熊小刚．“中三角”跨区域创新系统的协同发展研究［J］．中国科技论坛，2014（4）：39－44.

［163］熊小刚．跨区域创新系统的协同发展研究［J］．科技与管理，2013（1）：39－43.

［164］徐顽强，段萱．从定位重叠到科技协同——区域整合视域下“中三角”城市群发展路径抉择［J］．科技进步与对策，2014（6）：29－35.

［165］许彩侠，金恬．区域产业技术路线图制定中的协同机制研究［J］．中国科技论坛，2011（12）：38－42.

［166］许辉．基于“政产学研资”协同创新的区域创新网络构建［J］．经济体制改革，2013（5）：57－60.

［167］杨浩昌，李廉水．协同创新对制造业经济绩效影响的实证研究［J］．中国科技论坛，2018（7）：81－87.

［168］杨洁．武汉城市圈区域创新体系研究［D］．武汉：武汉理工大学博士学位论文，2010.

［169］杨洁．低碳经济背景下区域产业协同创新体系研究［J］．广西社会科学，2013（7）：82－84.

［170］杨平．实现“两型社会”建设技术创新的基本途径——以湖南长株潭城市群“两型社会”建设为例［J］．系统科学学报，2011（3）：66－70.

［171］杨思洛，陈湘杰．长株潭区域信息资源共享体系之构建［J］．图书馆，2011（3）：87－90.

［172］杨玄酯，罗巍，唐震．生态位视角下长江经济带科技创新竞争力评价及演化［J］．软科学，2019（7）：8－14.

［173］杨友，冯国禄，邹冬生，等．长株潭三市生态足迹及其对经济增长的影响——兼论“两型社会”试验区生态建设方略［J］．湖南农业大学学报（社会科学版），2011（5）：17－24.

［174］杨珍丽，唐承丽，周国华，等．城市群—开发区—产业集群协同发展研究——以长株潭城市群为例［J］．经济地理，2018（1）：78－84.

［175］叶建木，张艳伟．武汉城市圈两型社会科技创新体系的运行机制［J］．武汉理工大学学报，2010（2）：86－90.

［176］叶文忠．长株潭城市群“两型社会”的内涵和特征研究［J］．湖南科技大学学报（社会科学版），2010（6）：85－89.

［177］叶一军，顾新，李晖，等．跨行政区域创新体系下创新主体间协同创新模式研究［J］．科技进步与对策，2014（16）：29－33.

［178］易明，高璐，杨丽莎．长江中游城市群创新能力的时空动态演化规律研究［J］．统计与决策，2017（5）：134－138.

［179］易银珍．长株潭城市群建设中的环境保护长效机制研究［J］．湖南社会科学，2011（1）：101－105.

［180］游达明，马北玲，胡小清．两型社会建设水平评价指标体系研究——基于中部地区两型社会建设的实证分析［J］．科技进步与对策，2012（8）：107－111.

［181］余达锦，胡振鹏．鄱阳湖生态经济区生态产业发展研究［J］．长江流域资源与环境，2010（3）：231－236.

［182］余瑞林，刘承良，熊剑平．武汉城市圈社会经济—资源—环境耦

合的演化分析［J］. 经济地理，2012（5）：120－126.

［183］余晓钟，江昱洁，辜穗. 跨区域低碳经济协同创新发展动力机制研究［J］. 科学管理研究，2013（4）：55－58.

［184］袁莉，李明生. 长株潭城市群“两型社会”建设成效的系统评价［J］. 系统工程，2013（3）：118－122.

［185］袁昱明，兰娟. 长三角区域创新体系的构建和培育［J］. 商业经济与管理，2004（7）：48－51.

［186］臧欣昱，马永红，王成东. 基于效率视角的区域协同创新驱动及影响因素研究［J］. 软科学，2017（6）：6－9.

［187］詹志华，王豪儒. 论区域创新生态系统生成的前提条件与动力机制［J］. 自然辩证法研究，2018（3）：43－48.

［188］张春强，孙娟，赵可，等. 武汉城市圈区域科技创新能力评价实证研究［J］. 科技管理研究，2015（5）：88－93.

［189］张方华，朱朝晖. 长江三角洲“超区域创新体系”的理论模式研究［J］. 中国科技论坛，2004（7）：44－48.

［190］张福庆，胡海胜. 区域产业生态化耦合度评价模型及其实证研究——以鄱阳湖生态经济区为例［J］. 江西社会科学，2010（4）：219－224.

［191］张贵，刘雪芹. 创新生态系统作用机理及演化研究——基于生态场视角的解释［J］. 软科学，2016（12）：16－20.

［192］张贵，吕长青. 基于生态位适宜度的区域创新生态系统与创新效率研究［J］. 工业技术经济，2017（10）：12－21.

［193］张家明. 发达国家在科技创新体系建设上的经验及启示［J］. 生产力研究，2011（5）：146－148.

［194］张俊峰，董捷. 基于“两型社会”的武汉城市圈土地集约利用评价［J］. 中国人口资源与环境，2012（1）：111－116.

［195］张林. 区域知识系统的协同研究［J］. 科学学与科学技术管理，2008（3）：86－90.

［196］张巍，高汝熹. 区域科技创新实力指标体系研究［J］. 现代管理科学，2012（5）：62－64.

[197] 张秀萍，卢小君，黄晓颖．基于三螺旋理论的区域协同创新网络结构分析［J］．中国科技论坛，2016（11）：82－88.

[198] 赵海婷，朱再昱．鄱阳湖生态经济区科技创新体系现状分析与战略选择［J］．企业经济，2013（10）：30－33.

[199] 赵诣，王冰．政策试验区政策创新机制及效果研究——以武汉城市圈为例［J］．西南交通大学学报（社会科学版），2013（14）：74－80.

[200] 赵泽斌，韩楚翘，王璐琪．国防科技产业联盟协同创新网络：结构与演化［J］．公共管理学报，2019（4）：156－167.

[201] 郑伯红，朱政．武汉城市圈空间结构演化及影响研究［J］．长江流域资源与环境，2011（12）：1418－1425.

[202] 钟业喜，陆玉麒．鄱阳湖生态经济区区域经济差异研究［J］．长江流域资源与环境，2010（10）：1111－1118.

[203] 周冯琦．资源节约型环境友好型社会建设［M］．上海：上海人民出版社，2007：67.

[204] 周丽琴，刘凡．江西融入“中三角”的路径分析［J］．中国井冈山干部学院学报，2014（1）：118－123.

[205] 周纳．长株潭创新型城市群建设评价与实证研究［J］．湖南社会科学，2011（4）：116－119.

[206] 周全．生态位视角下企业创新生态圈形成机理研究［J］．科学管理研究，2019（3）：119－122.

[207] 周睿全．基于“中三角”的咸岳九“小三角”构建路径探讨［J］．科技创业月刊，2012（12）：26－27.

[208] 周志太．知识经济时代协同创新网络的内涵与特性［J］．社会科学研究，2019（6）：41－47.

[209] 朱俊成，张敏，宋成舜．武汉城市圈多中心城市—区域结构及其协同共生［J］．城市发展研究，2012（3）：7－14.

[210] 朱丽萌．“中三角”空间范围与发展定位［J］．中国井冈山干部学院学报，2014（2）：126－132.

[211] 朱文兴，卢福财．鄱阳湖生态经济区产业共生网络构建研究［J］．

求实，2013（2）：61－64.

［212］朱媛媛，曾菊新，刘承良．武汉城市圈城乡文化的空间整合与优化对策研究［J］．经济地理，2013（10）：48－53.

［213］朱再昱，曹建华，陈美球．鄱阳湖生态经济区协作机制创新研究［J］．求实，2009（7）：56－59.

［214］Phen A.，Tallman S. Complexity，Context and Governance in Biotechnology Alliances［J］. Journal of International Business Studies，2012（5）：61－83.

［215］Ansoff H. Corporate Strategy［M］. New York：McGraw-Hill Book Company，1987.

［216］Autio E. Evaluation of RTD Regional System of Innovation［J］. European Planning Studies，1998（6）：131－140.

［217］Cooke Philip. The Role of Research in Regional Innovation System：New Models Meeting Knowledge Economy Demands［J］. International Journal of Technology Management，2004（6）：507－533.

［218］Corning P. A. The Synergism Hypothesis：On the Concept of Synergy and Its Role in the Evolution of Complex Systems［J］. Journal of Social and Evolutionary Systems，1998（2）：133－172.

［219］Cowan R.，Jonard N.，Zimmermann J. B. Bilateral Collaboration and the Emergence of Innovation Networks［J］. Management Science，2007（7）：1051－1067.

［220］Doloreux D. Regional Networks of Small and Medium Sized Enterprises：Evidence from the Metropolitan Area of Ottawa in Canada［J］. European Planning Studies，2004（2）：173－189.

［221］Don，Tapacott. Digital Capital：Harnessing the Power of Business Webs［M］. New York：Harvard Business School Press，2000.

［222］Doz Y. L.，Olk P. M. Formation Processes of R&D Consortia：Which Path to Take？Where does It Lead？［J］. Strategic Management Journal，2000（3）：239－266.

[223] Fischer M. M., Varga A. Technological Innovation and Inter-firm Cooperation: An Exploratory Analysis Using Survey Data from Manufacturing Firms in the Metropolitan Region of Vienna [J]. International Journal of Technology Management, 2002 (7): 724-742.

[224] Freeman C. Networks of Innovators: A Synthesis of Research Issues [J]. Research Policy, 1991 (7): 499-514.

[225] Freeman C. The National System of Innovation in Historical Perspective [J]. Cambridge Journal of Economics, 1995 (9): 5-24.

[226] Gunnel Forsberg, Gerd Lindgren. Regional Policy, Social Networks and Informal Structures [J]. European Urban and Regional Studies, 2015 (4): 368-382.

[227] Haken H. Information and Self-organization: A Macroscopic Approach to Complex Systems [M]. Berlin: Springer-Verlag, 1988.

[228] Hadjimanolis A. Barriers to Innovation for SMEs in a Small Less Developed Country (Cyprus) [J]. Technovation, 1999 (9): 561-570.

[229] Haken H. Advanced Synergetics, An Introduction [M]. Berlin: Sprinner, 1987.

[230] Javier Revilla Diez. The Importance of Public Research Institutes in Innovative Network-empirical Results from the Metropolitan Systems [J]. European Planning Studies, 2000 (4): 451-463.

[231] Karima Kourtit, Peter Nijkamp, Roger R. Stough. Modeling Regional Growth and Innovation [J]. International Regional Science Review, 2018 (1): 3-6.

[232] Kevin Morgan. Nurturing Novelty: Regional Innovation Policy in the Age of Smart Specialisation [J]. Environment and Planning C: Politics and Space, 2017 (4): 569-583.

[233] Laura Resmini. A Frame Work for Evaluating the Dynamites Competitiveness of Countries [J]. Structural Exchange and Economic Dynamites, 2012 (9): 159-188.

[234] Meijers E. Polycentric Urban Regions and the Quest for Synergy: Is a Network of Cities More than the Sum of the Parts? [J]. Urban Studies, 2005 (4): 765 -781.

[235] Nelson R. R. Regional Invention System: Technical Innovation and Dimensions [J]. Research Policy, 1996 (3): 47 -49.

[236] Oughton C. The Regional Paradox: Innovation Policy and Industrial Policy [J]. The Journal of Technology Transfer, 2002 (7): 97 -110.

[237] Philip Cooke. Regional Invention System: Institutional and Organizational Dimensions [J]. Research Policy, 1990 (6): 475 -491.

[238] Porter M. E. The Economic Performance of Regions [J]. Regional Studies, 2003 (6): 549 -578.

[239] Robert Huggins, Daniel Prokop. Network Structure and Regional Innovation: A Study of University-Industry Ties [J]. Urban Studies, 2017 (4): 931 -952.

[240] Chung S. Building a National Innovation System Through a Regional Innovation System [J]. Technovation, 2002 (2): 485 -491.

[241] Slavo Radosevic. Regional Innovation Systems in Central and Eastern Europe: Determinants, Organizers and Alignments [J]. Journal of Technology Transfer, 2002 (7): 87 -96.

[242] Strambach S. Change in the Innovation Process: New Knowledge Production and Competitive Cities-The Case of Stuttgart [J]. European Planning Studies, 2002 (2): 215 -231.

[243] Trautwein F. Merge Motives and Merger Prescriptions [J]. Strategic Management Journal, 1990 (11): 99 -120.

[244] Wessner W. The Global Tour of Innovation Policy [J]. Issues in Science & Technology, 2007 (1): 43 -44.

[245] Wiig K. Knowledge Management: Where did it Come from and Where will It Go? [J]. Expert Systems with Applications, 1997 (14): 99 -101.

后　记

历时近两年的修改、更新和完善，本书终于付诸出版，即将接受读者的评判了，内心既有一种如释重负感，又略有些紧张感，唯恐读者批评多于赞赏。

我自 2008 年到华中科技大学攻读博士学位起，就投身于科技政策与科技管理领域的研究，至今已十余年，承担的各类项目研究主题涉及科技奖励、自主创新、高新技术产业、科技成果转化、创新驱动发展战略、区域协同创新网络、国家自主创新示范区等，尽管也产出了一些研究成果，但在学术界引起的关注和影响力都不大，实在是有愧于同行朋友们的期待。

2011 年 7 月博士毕业入职江西财经大学后，我开始思索如何将自己的研究领域与江西这片红土地结合起来。2012 年 2 月，长江中游城市群三省会商会议在武汉东湖国际会议中心举行，鄂湘赣三省负责人签署了《加快构建长江中游城市集群战略合作框架协议》，并提出了“中三角”这个新的区域概念，标志着长江中游城市群从构想、探索，进入全面启动和具体实践新阶段。当我了解到这个会议信息后，就开始关注“中三角”这个概念，并陆续主持、发表了一些相关主题的研究项目和学术论文。2015 年，在前期积累的基础上，我申报的国家自然科学基金管理学部青年项目“生态文明视阈下中三角跨区域协同创新网络的驱动机理、构建策略与联动机制研究”和中国博士后科学基金第 56 批面上资助项目“中三角跨区域协同创新网络的驱动机理与实证研究”相继获得立项，为我系统深入研究“中三角”跨区域协同创新网络这个主题提供了有利条件。此后，我带领课题组成员到武汉城市圈的 4 个县（市）、长株潭城市群的 4 个县（市）、鄱阳湖生态经济区的 6 个县（市）进行了系列调查研究工作，并取得了一批阶段性研究成果。2017 年 12 月，我通过

了华中科技大学应用经济学博士后流动站的出站答辩，后续又根据出站答辩评委的意见对研究报告进行了修改和完善。2018 年 12 月，我向国家自然科学基金委员会提交了结题材料，并于 2019 年 3 月收到了准予结题通知。但深感于该项目还有很多重要问题没有研究透彻，结题后仍然延续着该主题的研究，并于 2020 年 11 月提交了结题后的研究成果。受益于近五年来持续不断的研究，于 2021 年 3 月收到国家自然科学基金委员会后评估为“优秀”等级的通知，为本项目的研究画上了一个较为圆满的句号。

在国家自然科学基金管理学部青年项目和中国博士后科学基金第 56 批面上资助项目的研究过程中，由于研究工作的需要，我和江西省科技厅、南昌市科技局、南昌市高新区管委会等科技行政管理部门和科技园区有了频繁而密切的接触，也开展了较多的合作研究。我也有机会承担了江西省科技厅和南昌市科技局委托的多项研究项目，这些项目和我主持的前两个项目均有紧密联系，为我搜集课题资料、开展调查研究提供了诸多便利。更为重要的是，让我更加关注科技管理实践中的问题，做到理论与实践相结合，把学术论文写在祖国大地上。其中，有 2 篇与该项目主题相关的政策咨询报告得到了时任分管科技工作的副省长的肯定性批示，并被吸收进了江西省和南昌市的“十三五”科技创新驱动发展规划，让我有机会实现“把对策变政策”“把文字变文件”的智库研究目标。此后，我更加注重从科技创新实践中寻找研究主题，更加注重与科技行政管理部门的交流与合作。

正是因为时刻关注科技创新实践中的最新变化，我迟迟没有将此书的终稿交付出版社，总想反映实践中的最新动态和最新的政策文件精神。虽然学术研究没有终点，但书稿终有截止日。早日与读者见面、接受读者的评判也许更有利于推动我后续的研究。为尽可能反映本研究领域的最新动态，我于 2021 年的国庆假期对书稿作了最后的更新与校对，其中年度数据更新到了 2020 年底，月度数据更新到了 2021 年 9 月底。

本书在写作过程中，参考了国内外区域协同创新网络方面的大量研究成果，在此对学术同仁们一并表示衷心的感谢。同时，感谢我所在的江西财经大学财税与公共管理学院的所有领导和同事对本书写作提供的便利与支持。感谢我的父母、岳父母、妻子、儿子等家人的理解和支持，为我分担了大量的家庭事务，让我能心无旁骛地投入本书的写作当中。

长江中游城市群作为长江经济带的重要组成部分，承担了支撑国家经济社会发展、促进中华民族伟大复兴的重大战略任务，其地位和影响将会更加凸显。本书只是作了初步的探索，旨在为今后的深入研究作铺垫，同时吸引更多的学者关注并对这一研究主题进行更深层次的挖掘。由于所掌握资料的局限性、数据获取的艰难性和笔者知识水平的有限性等，书中疏漏甚至错误之处在所难免，恳请各位专家和广大读者予以批评指正。

熊小刚

2021 年 10 月于江西财经大学蛟桥园